対人心理学トピックス100

新装版

齊藤 勇 編

誠信書房

はじめに

日本に来て三年、日本語が大分上手になった留学生が、こんな悩みを相談に来た。

「私は最近、日本の人と話をするのが大変息苦しいのです。ストレスが非常に大きいです。日本では人と話をするとき、間違ったことを言ってはいけない、変なことを言ってはいけない、といつも気にしなければなりません。やさしい質問をすると笑われます。どうして笑うのか分かりません。自分の国では思ったことを何でも話し、どんな質問をしても恥ずかしくありません。日本では目上の人と話すとき大変緊張します」

と言い、最後に

「日本の人間関係はとても難しいと思います」

というのである。

日本語が上達し、スムースに会話ができるようになって、あらためて日本社会の壁にぶつかったようである。

たしかに日本では、人間関係というと、すぐ続けて出てくるのは、難しいという言葉である。本来、人間同士のつきあいは楽しいはずであるが、現実の人間関係は難しく、大変なものと思われている。

実際その通りで、日本の社会は、上・下の関係、時と状況によるタテマエとホンネの見きわめ、ウチとソトの使い分けなど、難しいことが多く、その上に義理と人情がからむという複雑な人間関係を基盤としている。さらに、日本社会の人間関係はこのような複雑さをもっている、と考えることが、ますます人間関係を気にし、人づきあいを微妙で繊細なものにし、緊張して人と対さなければならないものとしている。

「なんとかならないものだろうか」

と言われても、なんともならないであろう。

漱石の言葉を借りるまでもなく、もともとこのような人間関係を作ったものは、

「神でもなければ鬼でもない。やはり向う三軒両隣りにちらちらする唯の人である」

からである。

しかも、そう簡単に漱石のように詩人にもなれないのである。

ただ、人間関係も、自然をみるように外からみると意外とよくみえ、分かりやすいことがある。当事者同士はカッカとなっていたり、もんもんとしているのも、傍から風景画のようにみるとよくみえ、興味深くもなるものである。

そこで、人間関係を手におえないもの、難しいものと悩んでいるとき、この極めて主観的な問題を客観的にみることに努めてみよう。すると、思いの外すっきりした展望が開けるかも知れない。

お化けは怖い、恐ろしいと身を縮めないで、よくみてみると、正体みたり枯尾花ということもある。そう簡単ではないとしても、客観視することにより、ちょうど空から街をみたときのように、高くて広い視野から人をみることができる。すると、見方にゆとりができ、余裕のある人間関係がつくれるように思われるのである。

さてこのように、人間関係を客観的に扱う学問領域が社会心理学の対人心理の領域である。社会心理学は空からみた風景のように、対人心理についての知識を私達に与えてくれる。私達はこの知識をもつことにより、日常の人間関係をより客観視でき、余裕をもって人間関係をみることができ、また人間関係が興味深いものになると思われる。

そこで本書では、人間関係に関する実験社会心理学を中心に、対人心理学というテーマの下に心理学の知識を集めてみた。この分野は、実験や調査による実証的なデータをもとに、人間関係を研究しようとしている領域である。

この実験社会心理学はアメリカで発展してきた。日本よりも、よりフランクで開放的なアメリカでは、人間関係の研究においても、直接、当人へ直さいな質問ができ、また率直な答えが得られる。さらに日本ではとてもできそうもない大胆な実験もできるので、非常に明白で面白いデータが手に入るのである。

本書の目的は、このような実験室やフィールド調査などで得られた実証的な研究を、日本での研究も加えて紹介し、人間関係を客観視してもらおうというものである。

本書は一見して分かるように、対人関係についての心理学的研究を、いわば一口話的に、独立したトピックスとしてとりあげ、やさしく分かりやすく解説している。現代心理学がどんなやり方で人間関係をとらえ、どんな成果をあげているかを知っていただき、現実の人間関係への知識としていただけたら、と思っている。また、これを機に対人心理学に興味をもっていただけたら幸いである。

編　者

対人心理学トピックス100　目次

第6章　タテ・ヨコ・人間関係の心理

第7章　親と子の心理

章扉：photo by 齊藤 勇

第1章　現代人のタイプ

児玉憲典

1 モラトリアム人間

心理・社会的猶予期間

　エリクソンは、青年期を**心理社会的モラトリアム**と定義し、社会的、主体的な自己（アイデンティティ）が確立されるまでの猶予期間であるとした。

　モラトリアムとは、本来、支払い猶予期間の意味である。つまり国が債務の決算を一定期間延期、猶予し、それによって、信用機関の崩壊を防止する措置のことである。

　人生のモラトリアムの時期は修業や修養の時期であり、一刻もはやく卒業して一人前の大人になるべき試練の時期であった。

　ところが、現代社会における青年期の大幅な延長といわゆる若者文化の地位の向上などによって、いつまでもこのモラトリアムの状態に留まり、社会的に明確なアイデンティティを形成しようとしない人びとが増えてきた。小此木はこうしたことが青年たちに限らず、それぞれの年代や階層の人びとにもみられる現代の特徴的な現象であるとし、そのような人びとを**モラトリアム人間**と呼んだ。

　モラトリアム人間の心理構造としては、つぎのようなことが主張される。

(1)　まだいかなる職業的役割も獲得してない。
(2)　すべての社会的かかわりを暫定的、一時的なものとみなしている。
(3)　本当の自分はこれから先の未来に実現されるはずで、現在の自分は仮のものにすぎないと考えている。
(4)　すべての価値観、思想から自由で、どのような自己選択も先に延期されている。
(5)　したがって、すべての社会的出来事に当事者意識をもたず、お客さま意識しかもと

うとしない。

このような基本的なモラトリアム構造の上に現代のモラトリアム人間にはつぎのような色彩が添えられている。

自分が半人前であるという意識やひけ目、劣等感はなく、全能感ともいえるものをもっている。そして、禁欲的な傾向は乏しく、物質的、性的な充足を享受している。さらに、修業しているという感覚は減少し、むしろ遊び感覚が濃厚になり、快楽本位の自由を楽しむ傾向が支配的である。

既存の社会の価値観や行動様式に同一化するよりも、一歩距離をおいて隔たり、論評者、批判者、局外者たろうとする。また実際には親などに依存している未熟な自分と、空想の中での自信過剰な自分とが分裂している。そして自立への意欲を欠き、しらけている。

このような人間がモラトリアム人間である。

2 シゾイド人間

分裂病的タイプ

シゾイドとは、精神医学や心理学ではクレッチマーの分裂病質をさす。それは細長型の体形をもち、自閉的で非社交的性格である。また敏感で神経質と同時に従順で鈍感、といった相矛盾する分裂した心性の持ち主を意味する。

しかしこれは精神分裂病の病前性格でもある一つの性格であり、小此木はこうした概念や分裂パーソナリティといった概念を踏まえて、現代社会にひろく見られる人間像としてシゾイド人間という言葉を作った。

小此木によれば、**シゾイド人間**は次のような特徴をもっている。

(1) 人との深いかかわりを避ける。

(2) 同調的ひきこもりがみられる。拒絶したりはせずに従順に人と調子を合わせている。

(3) 人に呑みこまれて自分を失ってしまうのではないかという不安がつよい。

(4) 自分についての全能感が非常につよく、他人に対して自己中心的であり、支配的な衝動がつよい。

(5) 人とのかかわりが、一時的、部分的、表層的でしかない。

(6) その底には山アラシ・ジレンマの心理が潜んでおり、人との親密さを求めて近づくと、お互いの自己中心と搾取のトゲで傷ついて離れ、また近づいては絶望して離れるという人との距離の取りかたのディレンマに陥る。

シゾイド人間の最大の特徴は**分裂性**ということである。彼らは自らの人格を分裂させ、場面や相手に応じ、そのときどきに「あたかも――の

ように」アズ・イフ・パーソナリティとして、いろいろな人格に変化していく。

人とのつきあいではそれを使い分け、分裂させた自己の各々の側面で人との一時的な感情の交流や親密さを得ている。

たとえば小此木は母親を例にとり、今日では、女であること、妻であること、母親であることの三位一体の分解が母性の危機をもたらしており、そこで彼女たちはシゾイド人間としてそれぞれの役割を使い分けることが必要であり、それこそが適応的な生きかたであるという。

母親だけでなく、その状況に応じて、自分の姿や役割を変える例はいくらでもある。現代はさまざまな生活領域の境界がなくなった時代といわれる。昼間は学生で、夜はキャバレーのホステスをしていても不思議ではない。彼女たちもまたシゾイド人間として自らの役割を分裂させているのであろう。

3 自己愛人間

鏡に映る自己像に恋をしたナルシスのように、人間は誰しも自分のお気にいりの自己像を作り上げ、それを見ては安心し、満足したい気持ちをもっている。このような気持ちが特別に肥大化した人間こそ、小此木が名付けた自己愛人間である。

自己愛人間は次のようなパーソナリティ像をもっている。

自分についての誇大感をもち、心のなかに、人並みはずれたすばらしい理想像をもち、つねにそれを現実化しようとしている。絶えず周囲からの賞賛や賛美、好意を得ようとする。人から批判されたりおもわしい成果があがらない場合には、それを無視したり否認して、自己愛を傷つけないようにする。また、自己愛を満たすためには他の欲望や人間性などをすべて犠牲にしてよいと考える。

ナルシスト・タイプ

自己愛人間には、次のような五つのサブ・タイプがある。

(1) **自己実現型**の自己愛人間。これは、特別な才能をもち、理想自己が高く、その実現のためにひたすら努力してエリート・コースを進む人びとである。自己愛をみたすためには、政略結婚をしたり、身売りをしたり、あらゆる犠牲を辞さない。

(2) **同調型・画一型**の自己愛人間。平均的な大衆であり、家庭や仕事仲間などの小さな生活空間の中で、社会から提供される画一的、コマーシャル的、情報化されたイメージによる理想自己を満たすことで暮らす。

(3) **破綻型**の自己愛人間。親子関係の中で特別に自己誇大感が肥大し、しかも思春期以

降、それにみあう自己実現の能力をもたないために自己愛が破綻し、挫折してしまうタイプ。登校拒否、家庭内暴力、自殺、非行、食欲障害などをきたす青少年。

(4) **シゾイド型**の自己愛人間。シゾイド人間も、自分の主観的な内的空想世界を大切にし、密かな全能感を抱く点では自己愛人間である。

(5) **はみだし型**の自己愛人間。窓際族や老人など、おちこぼれた、はみだしたと感じる人びとのなかの自己愛人間。

小此木によれば、モラトリアム人間がわれわれの国や社会に対する社会心理的な性格を明確にするモデルであったのに対して、シゾイド人間は対人関係様式のあり方を明らかにするモデルであり、この自己愛人間は、われわれの自己とのかかわりが、こうした対社会、対人間の営みの深層でどんなふうに生じているかを解明するモデルであるという。

4 対抗同一性人間

❀ ヒッピー・タイプ ❀

自我同一性（アイデンティティ）とは、自分が他ならぬ自分であるという主体的な意識である。同時にそれは、自分の人生がどんな方向をとりつつあるかについての確かな感覚と、自分が社会や集団の中でなんらかの役割をもっているという確信をともなっている。

この**自我同一性**は、社会的価値基準からみて、その社会や時代、文化の主流の多数者の価値観や考え方と一致している肯定的同一性と、その逆に、その社会の主流が期待しない否定的同一性とに分けられる。

否定的同一性とは、社会の多数者からは非難、排斥、軽蔑されるような者、たとえば、犯罪者、非行少年、やくざ、薬物中毒者などにそれを認めることができる。

けれども、肯定的というのも否定的というのも、社会の主流や体制の側からの価値判断を含んだ言葉であり、福島章は、そのような価値判断を離れたものとして、**対抗同一性**という概念を提唱した。

たとえば、ヒッピーなど、少数者の多数者に対する反抗として、新しい価値や新しい主義、信仰、世界観を主張する人びとがいる。福島によれば、このような**対抗文化**に身をおく人びとは、社会的、文化的、階層的、人種的、その他の点での少数性あるいは辺縁性に、積極的な、なにものにもかえがたい価値をおき、自らの正当性を主張する。ヒッピー以外には、宗教改革者、教祖、革新的な芸術家、思想家、革命家、確信犯、政治犯などがその例である。彼らに認められる同一性が対抗同一性である。

否定的同一性も対抗同一性も、どちらも社会

の主流をなす価値観に対立するという点では同じである。しかし、前者には、自分たちが社会には受け入れられない落伍者、敗者であるという意識があるのに対して、後者には間違っているのは社会のほうで、本当は自分のほうが正しいのだという自らの正義、正当性を主張し自負する態度がみられる。

対抗同一性も否定的同一性と同様に、青年期における同一性拡散の危機に対する防衛として採用される場合が多い。また、過渡的、暫定的で、他の同一性を求めて捨てられることもある。

さらに、対抗同一性は、対抗するものがあって始めて成立するわけであり、その点では、根の弱い、依存的なものであるともいわれる。また、たとえば革命などの社会変動によって価値観の逆転が起これば、対抗的なイデオロギーが一転して主流となることもありうるが、そのときには言葉の意味からして、対抗同一性そのものが消失する。

5 プロテウス人間

❀ **変身タイプ** ❀

ギリシャ神話に登場する海神プロテウスは、変幻自在の神であり、恐ろしい大蛇、ライオン、竜、火、洪水などになることができたという。いつの時代の人びとの心にも、さまざまのものに姿を変えたいという変身願望がひそんでおり、それがこのような神話の背景をなしている。

人間は動物に姿を変えるわけにはいかないが、生きかたやライフ・スタイルを変えることはできる。しかし、社会体制や価値観の固定した時代にあっては、自らの価値や信念を変えることには、大きな抵抗があった。信念を変えると内なる葛藤を生じたし、また世の非難や変節漢呼ばわりも覚悟しなければならなかった。

ところが、めまぐるしく変動する現代社会では、人間観、価値観も変化しやすく、また多様である。なんらかの一定の理想とすべき生きかたが用意されているわけではない。昨日までの生きかたをさらりと捨てて新たな生きかたを選んだとしても、結果として社会に適応できればよいではないかという考えもある。

こうした風潮を背景にして、一つのライフ・スタイルに縛られず、むしろ積極的にそのときどきの価値観に自らを同一化させていくことのできる人間が出現した。このような変幻自在な生きかたをする人間を、リフトンは、先のギリシャ神話になぞらえて、**プロテウス人間**と名付けた。

ある男性は、中学・高校時代は一般社会の学歴主義や立身出世主義を痛烈に批判し、日本の伝統文化に強い愛着をもっていた。ところがアメリカに留学するとアメリカかぶれとなりキリスト教徒としての洗礼までも受けた。帰国して

しばらくするとまた日本の文化に親しみを覚え、大学は浪人してまでも一流大学に入った。入学後は、学生運動の活動家となった。しかししばらくするとそれからも離れ、酒と徹夜麻雀と女性にうつつを抜かした。ところが卒業の時期がくるとまたしても変身し、かつての自分の最も嫌悪すべき敵の一つである大企業に難なく職を得たのである。

これほど極端なあるいは華麗ともいえるような変身でなければ、比較的短い期間のうちに自らの主義信条を変えることは日常よくみられる。転向は現代におけるイデオロギーの終えんとも関係して、もはや個人において深刻な内面的転換点としての意味をもたないのである。

プロテウス人間の核心をなすものは、その心の奥底にひそむ**不条理の感覚と嘲笑**であるという。あらゆる経験に不条理を見い出し、それを嘲笑し、絶対的な真理や世界観を認めないがゆえに、自らの変身と再生とをなしうるのである。

6 現代人の燃えつき度

バーンアウト・シンドローム（燃えつき症状群）とは、一九八〇年にニューヨークの心理学者フロイデンバーガーが提唱した言葉で、働きがい、生きがいをもって仕事などに懸命に没頭していた人が、突然モーターが焼き切れたかのようにエネルギーがなくなり、スランプに陥った状態をいっている。

バーンアウトとは自らを枯渇させること、体力、精神力の源泉を消耗することであり、実現不可能な期待を自分に課し、それを達成するために頑張りすぎて疲れ果てることである。

バーンアウトのチェック・リストを示そう。以下の一五の質問に対して、多少とも肯定する場合には一点、最もつよく肯定する場合には五点というように、一点、二点、三点、四点、五点、否定する場合には〇点の点数を与える。

❀ バーンアウト・シンドローム ❀

① 疲れ易くなったと思う。自分はエネルギッシュとはいえないし、疲労でぐったりしている。
② 「最近、元気がないですね」といわれて腹がたつことがある。
③ モーレツに働いているのにだんだん成果が上がらなくなったと思う。
④ だんだんつむじ曲がりになり、ふさぎ込んでいるようだ。
⑤ ときどき、説明できない悲しみに打ちひしがれることがある。
⑥ 忘れっぽくなった気がする(約束、締め切り、身の回りの品など)。
⑦ イライラがひどくなり、だんだん短気になり、周囲の人びとに失望している。
⑧ 親友や家族と疎遠になった感じがする。

⑨ 忙しすぎて、電話をかけたり、レポートに目を通したり、手紙を出すなどの日常のことがおろそかになった感じがする。
⑩ 身体の具合が悪いのではないかと思う。
⑪ 一日の仕事が終わったときに、これでよいのかと迷うことがある。
⑫ なにが喜びなのか、はっきりしない。
⑬ 自分のことでジョークをいわれると、笑ってすませられない。
⑭ 最近セックスはわずらわしい気がする。
⑮ あまり人と話したくない気分になる。

点数による自己分析は次のようである。

0〜25点　健康
26〜35点　要注意
36〜50点　バーン・アウトの疑いあり
51〜65点　バーン・アウトにかかっている
65点以上　重症、心身に障害を起こすおそれがある

7 現代人の心身症

ストレスによる失感情

心身症は、「身体症状を主とするが、その診断や治療に心理的因子についての配慮が、とくに重要な意味をもつ病気」とされている。これには、たとえば本態性高血圧とか、消化性潰瘍、過敏性大腸炎、気管支喘息、あるいは、一般に自律神経失調症といわれるような病気が含まれる。

しかしどんな身体疾患でも、たとえば癌のような病気でさえも、その経過や治療に心理的な因子が関係するとされ、心身症をひろく心身医学全体のなかで位置づける立場もある。

近年心身症に関して注目されているのは、アレキシチミアという心身症者に一般的にみられる心理構造である。これは、**失感情症**と訳されているが、次のような特徴をもっている。

(1) 想像力が貧弱であり、精神的な葛藤を言語化できない。

(2) 情動の感知およびその言語表現が制限されている。

(3) 事実関係をくどくどと述べたてるが、それに伴う感情を表出しない。

(4) 面接者とのコミュニケーションが困難である。

症状の成り立ちに心理的な因子が重要な働きをしている点では心身症も神経症も同じであるが、心身症の場合には身体症状の比重が大きく、しかも特定の器官に固定して現れ、しばしば器質的障害を伴う。これに対して**神経症**は、主として精神症状であり、身体症状を示す場合にも機能的障害である。

さらに社会適応の点からみると、神経症者の場合には不適応を来しているのに対して、心身

症者の場合には一見したところ正常であり、責任感がつよく、真面目、仕事熱心、模範的であり、過剰適応の傾向がみられる。

遠山は、胃・十二指腸潰瘍の患者の人格の特徴として以下のものをあげている。

(1) **心因性の否認。** ストレスの存在を指摘されても、「それくらいのストレスは誰にでもあるものです。それで病気になったとは思えません」といい、ストレスと病気とが関係するとは認めない。

(2) **緊張の持続と退行の困難さ。** 緊張を発散させる手段を知らず、自分の問題を気軽に相談できる相手をもたず、仕事以外に遊びを知らず、くつろぐことがない。

(3) **受身的態度と過剰な適応努力。** 環境に対し自らの感情を抑制して受身、順応的な態度をとる。責任感がつよくお人好しで、結果的に負担を背負い込み、ストレスが増す。

8 日本人の阿闍世《あじゃせ》コンプレックス

母子一体感

仏典に登場する古代インド、王舎城の王子阿闍世の母韋提希《いだいけ》夫人は、阿闍世をみごもるに先立って、夫の愛が薄れていく不安から、王子が欲しいと願い、相談した予言者から、森に棲む仙人が三年後に亡くなり、生まれかわって夫人の胎内に宿ると告げられる。

しかし夫人はその三年が待てず、はやく子供を得たいためにその仙人を殺してしまう。そして夫人は仙人の生まれかわりの阿闍世をみごもったが、仙人の怨みが恐ろしくなり、おろそうとする。

なにも知らないまま成長し、父母の愛に満ちたりた日々を過ごしていた阿闍世は、のちにこの事実を知り、理想化していた母親への幻滅のあまり、殺意に駆られて母親を殺そうとする。しかし、そのとき罪悪感のために五体が震え、悪病に苦しむ。

ところが、悪臭を放って誰も近づかなくなった阿闍世を献身的に看病したのは、母、韋提希夫人であった。母親はこの無言の献身によって、自分を殺そうとした阿闍世を許したのであり、やがて阿闍世もまた母の苦悩を知って、母を許す。そして、この愛と憎しみの悲劇を通して、母と子は、お互いの一体感を改めて回復していく。

以上が小此木の紹介する阿闍世の物語であり、古沢は、この物語にみられる母子の心理体験の諸局面の展開全体に対して、**阿闍世コンプレックス**と名付けた。

小此木によれば、ここには、長谷川伸の「まぶたの母」にもみられるような、日本人が人となるために必ず通過する普遍的な**母子体験の原**

型がみられるという。

(1) 母なるもの＝理想化された母親像、との一体感と、この一体感を母に求める「甘え」がある。

(2) 母との一体感が幻想であったという幻滅とともに、はげしい怨みがわく。

(3) 「母なるもの」を取り戻した母は、怨みを向けた息子を許し、息子もまた母の苦悩を理解できるようになり、怨みから許しへという、お互いの罪とお互いの許しの相互作用がみられる。

小此木は、このような三つの構成要素からなる阿闍世コンプレックスが、欧米の、「罪に対してそれを罰し、償わせる」という父性原理とは対照的な、日本的な「罪を許し、許される」という**母性原理**の底にあると主張している。

9 ヌイグルミを抱かない子は問題児？

移行対象

スヌーピーの漫画に出てくるライナスはいつも愛する毛布の切れ端を離さない。この漫画では毛布への偏愛は、ライナスのなにかしら偏った人格を示唆するものとして描かれている。

ところが、実際には、正常な子供の大多数が、その発達過程で、毛布やタオルやぼろ布あるいはそれに類するものへの愛着を示している。幼い子供がどこに出掛けるのにも大好きなヌイグルミや人形をもって離さない姿はよく目にするであろう。ウィニコットはそれらを**移行対象**（過渡対象）と名付け、心理学的に重要な意味をもつものとした。

たとえば、ヌイグルミのクマは、かわいらしい表情、ガラスの目の輝き、柔らかな毛並みをもっているが、それが移行対象になると、子供にとってそれ以上のものになる。愛の抱擁を喜んで受け入れるものにもなれば、いたずらを叱られて恥じ入るものにもなる。あるいはときには足蹴りの対象にすらなる。要するに、ヌイグルミのクマという生きていない外部の対象が、子供の精神内界からの意味付与によってあたかも生きているかのような存在としてさまざまの特質をもつにいたる。

移行対象の最大の役割は、子供が母と子の共生関係から抜け出てもっと広い対象関係の世界へと「移行」するのを援けることである。見知らぬ初めての状況や、葛藤をもたらすような状況と関わるときに、そのような対象が**母親の代理**になって、子供を慰めてくれる。母親から離れて幼稚園の活動に溶け込めるまでの不安なしばしの間、ポケットの、母親がくれた大好きなガーゼのハンカチに手を触れている女の子が、

そのよい例であろう。
移行対象は必ずしも手で触れうる物である必要はなく、歌やオルゴールの曲や詩や想像上の仲間、あるいはなんらかのイメージといった手で触れえないものでもよく、そのような場合には移行現象という言葉も用いられ、また、そのような対象や現象との関係を意味する**移行関係**という言葉も用いられる。
ホートンによれば、移行対象あるいは移行現象は幼い頃の母親からの分離独立の頃のみにみられるわけではなく、さまざまに形をかえて、一つの発達ラインとして生涯を通してみられるという。
さらにまた、成人になってたとえば人格障害といったなんらかの不適応を生じる人たちは、幼い頃にヌイグルミにしろハンカチにしろあるいはメロディーにしろ、そのような愛着するものとの移行関係をもたなかった場合が多いとしている。

10 悲しみは死を招く……

精神医学や心身医学などの学問が発展し、葛藤や緊張やストレスと、精神的、身体的な病気との関連が明らかになってきた。

人生においては、誰しも必ずいつかは、悲しい別れに直面しなければならない。死別もあれば、そうでなくてもなんらかの理由による離別ということもある。

このような愛する人、あるいは愛着をもち、かけがえがないと思っているものを失うことを**対象喪失**といい、そのためにさまざまの心身の病的状態やときには死さえも招くことがあるとされている。

一九六三年、ヤングらは、配偶者を失った五四歳以上の夫または妻四四八六名が、配偶者の死後半年間に死亡する比率は、同じ年代で配偶者が生存している人びとの死亡率に比べて、四〇%も高いということを見い出した。

また、一九六七年、リースとラトキンスは、一年以内に近親者の死を経験した九〇三名（配偶者、親、子、同胞）と、同じ地域、同じ性別、年齢、家族条件をもつが、同じ期間に近親者の死を経験していない八九八名を比較調査し、その結果、近親者の死を経験した人達のその一年間の死亡率（四・八%）が、七倍であることを見い出した。

こうした事実から、配偶者あるいは近親者の死という対象喪失が、当人に死に至る程の身体疾患を引き起こすことが実証された。

フランクルの『夜と霧』には、ナチスの強制収容所という限界状況のなかで、人びとが精神障害を来したり、発疹チフスその他のさまざまの身体疾患に倒れていく様が描かれている。

❀ 対象喪失 ❀

その原因は収容所生活の苛酷さにもよるが、かけがえのなかった愛する人びとを奪われ、取り組むべき仕事を奪われ、自分そのものともいえる自らの履歴や自らの名前すらも奪われたという対象喪失によることも指摘される。

現代の心身医学の研究によると、**愛する対象を失ったことによる失望や落胆**が、細胞免疫にまで影響を与え、人間有機体をいわば内部から崩壊させることが明らかにされている。

また、精神分析学によって、対象喪失による悲しみを悲しむという心理過程（喪の仕事）がどんなかたちで進められるかによって、うつ病やその他の病的な心理状態の生じることも研究されている。

11 恥ずかしがりやの日本人

対人恐怖症

対人恐怖症とは、対人場面で緊張や羞恥心や不安をつよく感じ、そのために人に軽蔑されたり、嫌われたりするのではないかと思い、できるかぎり人前から身を引こうとする神経症のひとつの型である。

それは、思春期に最も多く発症し、一過性におわる場合もあるが、治療されなければ慢性化することが多い。次にいくつかの種類をあげる。

(1) **赤面恐怖**。人前で自分の顔が赤くなるのを悩む。

(2) **視線恐怖**。他人から見られる視線を恐れる場合と、他人を見る自分の視線を恐れるばあいがある。自分の目のやり場に困ったり他人の視線が気になって電車やバスにも乗れなくなったりする。ひどくなって他人に対して被害感や加害感をもったりすることもある。

(3) **自己臭恐怖**。自分の身体からオナラや口臭が出て、周囲の人に迷惑をかけたり、また嫌われると思い込む。現実には臭いは出ていないのに出ていると思う。患者はその証拠に、電車に乗ると、周りの席の人が鼻をすすったりするという。

(4) **醜貌恐怖**。人並みの顔をしているのに自分の顔が醜いといって悩む。顔以外の他の身体の一部の形態に関して悩む場合もあり、醜形恐怖ともいう。

(5) **その他**。人前で手が震えるとか、ひどく発汗するとか、吃ってしまうとかのさまざまの恐怖症状があり、震え恐怖、発汗恐怖、吃音恐怖とかと呼ばれている。

森田正馬によれば、対人恐怖は人前で恥ずか

しがることを恐怖し悩む病気であり、本来恥ずかしく思ってもよいことを恥ずかしく思わないようにしようとするために、症状が固定してしまうという。

たとえば、赤面恐怖は、誰でも時と場合によっては恥ずかしい思いをし顔が赤くなっても当然なのに、そのような自然な現象そのものを恥ずかしいことだと考えてこだわるために、ますます人前で赤くなるというわけである。

したがってその治療は、厚顔無恥な人間になろうとすることをやめ、「あるがままに」自然な感情を受け入れるように指導することにある。このような治療法は**森田療法**として体系化されている。

またそのほかにも、精神分析療法、行動療法などがさまざまのかたちで行われている。

なお、対人恐怖症は、欧米におけるよりも、恥の文化であるとされる日本で多くみられるという。

12 鏡よ、私はスマート？

思春期やせ症

思春期やせ症という病気が最近とみに注目されている。これは、若い女性がとくに身体の器質的な病気もないのに食事をしなくなり、著しいやせの症状を示すものである。やせのほかには、きまって無月経や便秘などの症状がみられる。

この病気が最近関心を集めているのは、食物が潤沢に出回って飢えの心配のまったくない先進国において近年増加の傾向にあること、またこの病気になる患者に特異な心性あるいは態度がみられ、それらがまた現代の若い女性一般の心理的特性にも通じる側面をもっているからである。

元来この病気は西欧では一七世紀の頃から報告され、一八七三年にはイギリスのガルによって**神経性食欲不振症**と名付けられ、心理的な原因によるものとされた。今日でも概ねガルの立場と同様に心理学的な原因が重視されている。

下坂は、やせ、無月経、便秘などの身体症状のほかに以下のようにこの病気の特徴をまとめている。

①若い娘に起きる。②落ち着きがない。活動的あるいは一事への熱中がみられる。③自分を病気と思わない、あるいは満ち足りた様子である。④医師の治療を拒む、家族の懇請に応じない、などである。

下坂はまた、彼女らにみられる特異な態度として八つの態度を挙げている。

(1)　成熟に対する嫌悪・拒否
(2)　幼年期への憧憬
(3)　男子羨望
(4)　厭世的観念

(5)　肥満嫌悪
(6)　痩身に対する偏愛と希求
(7)　禁欲主義
(8)　主知主義

である。

彼女らは、**肥満恐怖**のために減食を始め、五〇キロ近くあった体重が三〇キロに減って、骨と皮ばかりにやせさらばえても、それでもさらにスマートに、美しく、妖精のように軽やかになるために、減量を続けようとする。

やせ症といわれるためには、元の体重の二五%以上の減少がみられるのであるが、体重が減少するにつれて自分が太っているかやせているかの判断もつかなくなる。

このような肥満恐怖の背景に、女性として成長、成熟していくことへの深刻な不安、やせること以外には何事にも主体的に取り組めない自信の欠如がひそんでいるとされる。

13 シンデレラとピーター・パン

成熟拒否の願望

女性にも男性と同じ社会的な地位や権力を獲得する機会を広げようとする女性開放運動の結果、さまざまの社会的な場面に女性の進出は目立ってきた。しかし、アメリカのコレット・ダウリング女史は、真の女性開放を阻んでいるのは男性中心に出来ている社会体制ではなく、他者によって守られ他者に依存していたいという女性の内なる心理であるとし、それを、**シンデレラ・コンプレックス**と名付けた。

女性は、自立して、社会的な成功を求めて飛び立とうとはせず、シンデレラのように、自分の人生を一変させてくれる、救いの王子様を待ち続けているという。

男性は九〇%までが仕事上の成功を望ましいと考えるが、女性は六五%までが成功することにとまどいを感じたり、極端な場合にはそれに恐れをなす、とはアメリカの女性心理学者のマティーナ・ホーナーの研究結果である。ダウリング女史はその底にジェンダー・パニックが潜んでいると指摘する。

ジェンダー・パニックとは、自立して主体的に行動すると女性としての魅力を失い、頼りとすべき男性の愛も得られず、孤独な人生を歩まねばならないという恐怖である。それはとりもなおさず**女性としての同一性の危機**であり、そんな危険を冒して成功し、冷たく寂しい王座を守るよりも、名もなき人びとのなかに埋没して、良き妻、良き母となることを選ぶのである。

一方、ピーター・パン・シンドロームとは、アメリカの臨床心理学者ダン・カイリーがつくった言葉であり、いつまでも子供のままの状態に留まり、大人の社会の仲間入りのできない

男性の示す心理状態を、大人の社会から抜け出して「ないない島」という夢の国で遊ぶ永遠の少年ピーター・パンにちなんで名付けたものである。これは、現代社会が家族、そして子供に及ぼすストレスの所産とされ、まず一二歳から一八歳までの、まだ永遠の若さへの夢が諦められない少年に、無責任、不安、孤独、性役割の葛藤、の四つの症状が現れる。

これらの基本症状を母体にして一八歳から二二歳までのあいだにさらにナルシシズムと男尊女卑志向の二つの症状が現れ、こうして、**ピーター・パン人間**が出来上がる。

カイリーによれば、ピーター・パンの物語に登場する母性的な女の子ウェンディはシンデレラ・コンプレックスの持ち主であり、ウェンディ・タイプの女性とピーター・パン人間とが結びつきやすく、しかもそれは、現代社会の病理性を反映した早晩破綻を来しやすい取り合せであるという。

14

結婚もストレス？

親しい友人の死、上司とのトラブル、転勤、失業などといった社会生活上のさまざまの変化が個人に**ストレス**を与えることが知られている。たとえば、上司とのトラブルがもとで神経症になったり、うつ病が誘発されたりするし、あるいは胃潰瘍その他の身体疾患が悪化する。

それでは、どんな生活上の変化がどの程度ストレスを与えるのだろうか。ホームズらは、四三項目の生活上の出来事（変化）からなる次のような**ストレス尺度**を作った。

これをみると、結婚とか著しい個人的な成功といった、当人にとってこの上なく価値があると思える出来事さえもストレスになるとされている。これは一見意外かもしれないが、重要なのはその出来事が個人にとって好ましいものかどうかではなく、個人のそれまでの安定した生活パターンのなかにどれほど**変化**をもたらしたかであるという。

ストレスの測定

この尺度は、さまざまの生活上の出来事に直面したときにそれに適応できるために必要な、時間やエネルギーの量を反映している。したがって、その出来事が望ましいものかどうかはまた別のことである。しかし、一般には、不幸とされる出来事のほうがより大きなストレスとなるのであり、そのことは尺度の上位を見れば明らかである。

ホームズらの研究は、さまざまの出来事に、どれほどストレスをもたらすかの**ストレス・マグニチュード**（強度）をつけた点に特徴がある。このマグニチュードに関しては、年齢、性別、人種、教育、宗教、社会階層を問わず高い一致度が得られ、生活上の出来事の重要性が普遍的

生活変化ストレス尺度		
ランク	出来事	マグニチュード
1	配偶者の死	100
2	離婚	73
3	夫婦別居	65
4	刑務所への収容	63
5	近親者の死	63
6	本人の病気やケガ	53
7	結婚	50
8	解雇	47
9	夫婦の和解	45
10	退職，引退	45
11	家族の者の健康の変化	44
12	妊娠	40
13	性生活の困難	39
14	新たに家族が増えること	39
15	仕事上の変化	39
16	家計上の変化	38
17	親友の死	37
18	配置転換，転勤	36
19	夫婦喧嘩の回数の変化	35
20	1万ドル以上の借金	31
21	抵当流れ，ローンの返済不能	30
22	仕事上の責任の変化	29
23	子女の離家	29
24	姻戚関係でのトラブル	29
25	著しい個人的な成功	28
26	妻の就職あるいは退職	26
27	入学あるいは卒業	26
28	生活環境の変化	25
29	個人的習慣の変化	24
30	上司とのトラブル	23
31	労働時間や労働条件の変化	20
32	転居	20
33	転校	20
34	レクリエーションの変化	19
35	教会活動の変化	19
36	社会活動での変化	18
37	1万ドル以下の借金	17
38	睡眠の習慣の変化	16
39	家族団らんのその家族員の数の変化	15
40	食事の習慣の変化	15
41	長期間の休暇	13
42	クリスマス	12
43	ちょっとした法律違反	11

であることを示すとされている。

　夫婦の別居がストレスになり、また夫婦の和解がストレスになるというのも興味深いが、結婚や個人的な成功といったなんらかの価値を求めての努力自体がストレスをもたらすことに留意して、それを少しでも和らげる工夫が必要であろう。

第2章　現代人の組織心理

古川久敬

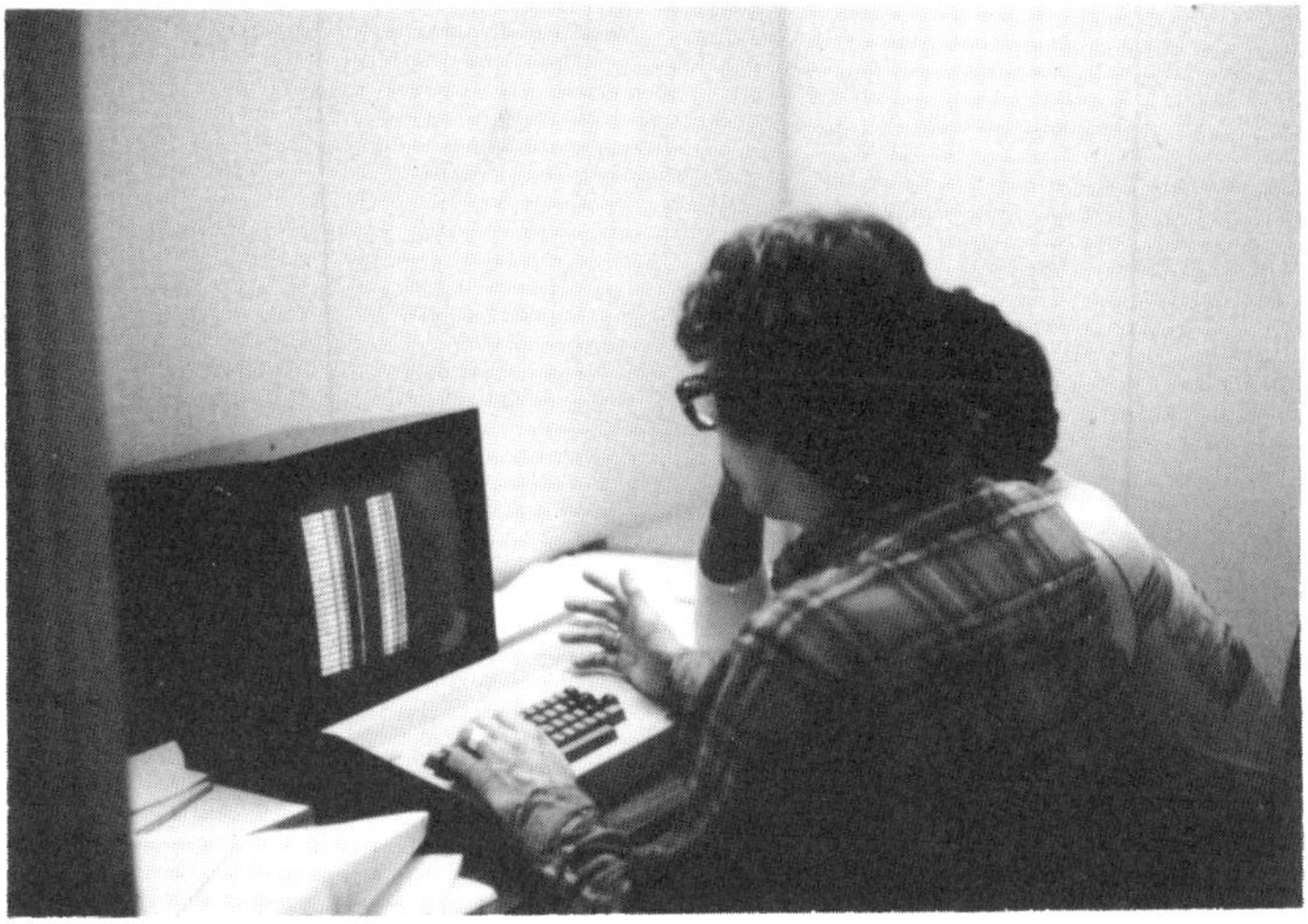

15

周りから〈浮いて〉しまう人

集団規範からの逸脱

「この頃、Sさんどうしてますか」
「元気です。でも彼、皆から浮いてるみたい」
電車の中などでよく耳にする会話である。浮く、とは、Sさんの考え方や言動が、周囲の人々とピッタリいかず、違和感をもって皆から見られている状態をいう。

自分が浮いていることに気付かず、ますますウキウキと振舞っている感受性のない人もいる。逆に、「自分は浮いてる。もうダメだ」と浮かぬ顔をして、沈み込む人もいる。

集団の中で、浮かず、沈まず、人望を得て活躍するのは容易なことではない。多くの人が、人間関係はとかく難しいと嘆くところである。

集団は必ず目標を持っている。これを効率よく実現するには、メンバーの考え方や行動がバラバラでは困る。ところが、おもしろいことに、どういう集団にも成員の考えや行動を統制し、足並みを揃えさせるための心理的な〝とりきめ〟が生まれてくる。

これは**集団規範**と呼ばれるが、成員間にみられる価値観、ものの考え方、あるいは行動基準のことである。当然、規範の内容は集団相互で多少異なる。それは各々の集団のめざす目標に違いがあるためである。

この集団規範は、ひとたび出来上がると、今度は逆に、その規範に従うよう各成員に心理的プレッシャーを及ぼし始める。この**集団圧力**は決して小さなものではなく、従わざるを得ないと皆が感じ出すのである。

こんな実験がある。まず、強い結束力を誇る集団をいくつか作る。そして、その集団の中の一人（実はサクラ）が、

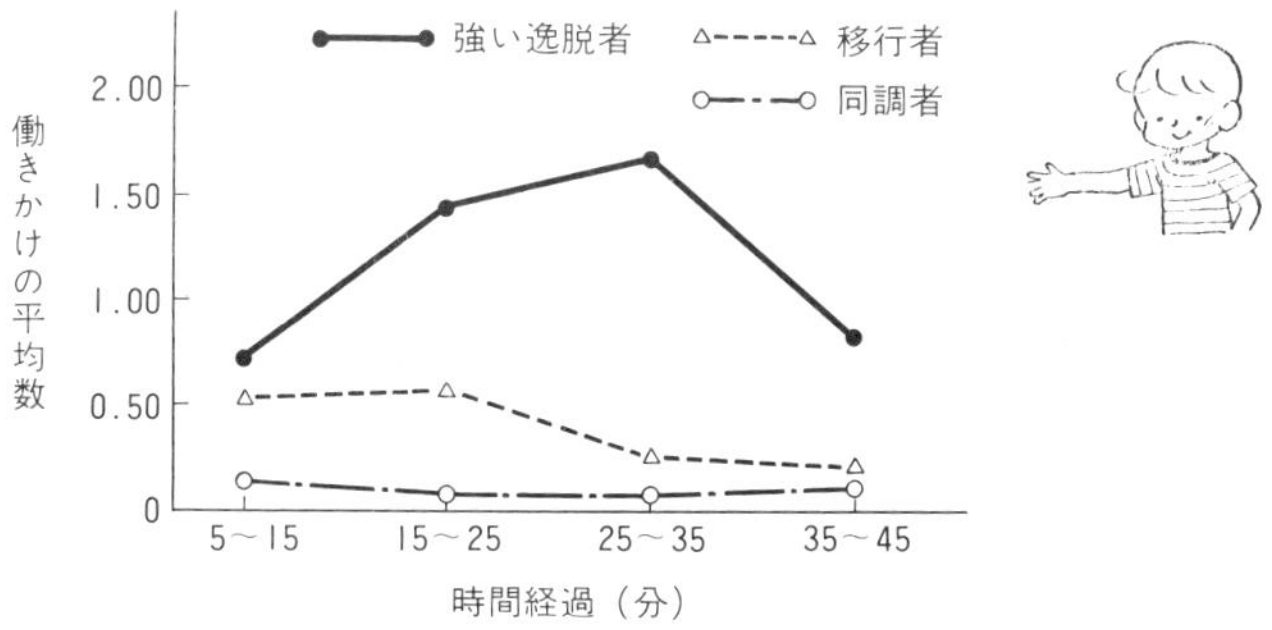

図　意見の逸脱者と同調者に向けられるコミュニケーション量の時間的変化
（Schachter, 1951 より）

(1) 最初から皆の意見に同調する場合、
(2) 最初は皆の意見から逸脱しているが徐々に同調していく場合、
(3) 終始、逸脱を続ける場合

の三つの場面を作り出す。実験はそのサクラに対して他の集団成員からコミュニケーションがどの位多く及んでくるかが調べられた。

結果は図に示すとおりで、はじめから同調する者へは、他からの働きかけはほとんどなされない。皆、安心しているからである。

他方、逸脱した意見の持ち主へは、翻意を迫る**周囲からの働きかけ**が増加しだす。これにより、同調へ動けば、働きかけは逓減していく。

一方、あくまで自分の意見に固執し、逸脱を続ける者へは、働きかけは一段と増加する。しかし、ある時点（実験では三五分過ぎ）から働きかけがガクンと低下する。まさにこの瞬間に、その逸脱者は周囲から浮き始め、ほかの人から見はなされた状態となっていく。

16 活力を失う宿命の集団

親日家の女性が、日本人の集団を〝納豆〟に、アメリカ人の集団を〝甘納豆〟に例えていた。

日本人集団の場合、一人の個人をつまみ出そうとすると、ちょうど納豆のように周囲の人たちまでネバネバくっついてくる。日本人集団には一人ひとりの分離がなく、全体として理解しなくてはならない。

他方、アメリカ人集団は、個人という意識が強烈なため、周囲の人とのつながりは稀薄。ちょうど甘納豆のように一個ずつがきちんと分離しており、一人の個人が容易に抽出できるというのである。まことに的確な比喩といえる。

日本人は集団を作るのが好きだともいわれる。「三人寄れば文殊の知恵」の諺もあるように、個人と比較して、集団の優位性が広く信じられているようだ。

集団の硬直化現象

確かに、単独個人ではとうてい無理なことを集団は可能にしてくれるところがある。しかし、いつも集団が有利とは限らない。

例えば、五人の討議集団を観察してみると、各成員が均等に二〇%ずつ発言することは稀である。大概、五人のうちの二人が、時間にして七〇~八〇%を独占してしまう。この二人が有能なときは、集団の結論も優れたものとなる確率は高いが、有能でないとき、集団は効果的とはいえなくなる。

また、集団は時間の経過とともに硬直化し、効率性を低下させていく宿命にもある。**集団硬直化**の原因は、

(1) 成員の行動がワン・パターン化しだすこと。

(2) 成員が相互に興味、関心のある情報しか

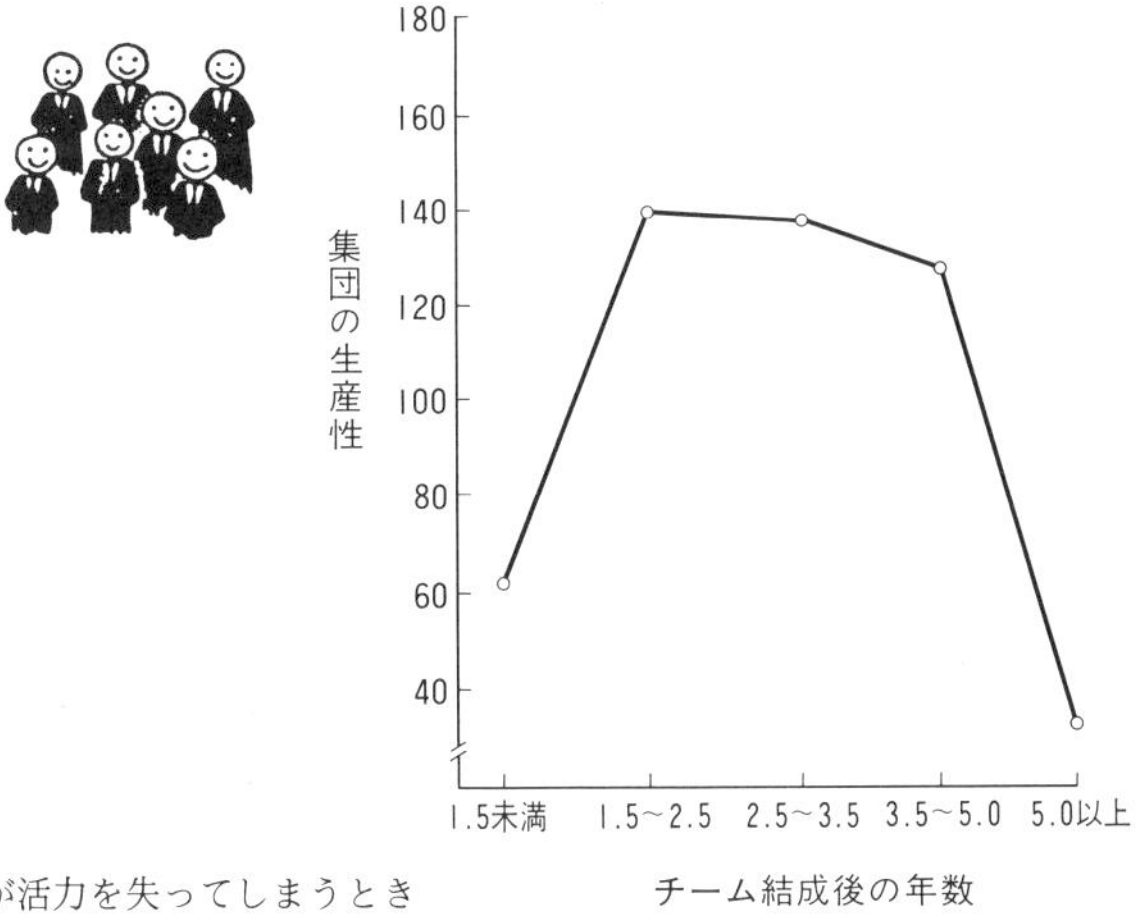

図　集団が活力を失ってしまうとき
(Katz, R., 1982 より)

伝達しあわなくなり、したがって外界の動きから疎遠になること。

(3) 成員の考え方がだんだん均質化して、お互いに刺激がなくなりだすこと。

(4) 成員の間に、いわゆる**縄張り意識**が芽ばえ、集団内の相互作用が抑制され、マンネリ化しだすことなどにある。

このような集団の持つ宿命を、カッツは五〇の研究開発プロジェクト・チームを対象として裏づけている。

プロジェクト・チームの生産性は、計画性、効率性、革新度、そして応用可能性などで評価されたが、チーム結成後一・五年から二・五年をピークとして、その後は低下し始めている。この低下は五年以上になるととりわけ顕著である。

この生産性の低下は、プロジェクト・チームが集団外とのコミュニケーションを減少させ、有益な刺激情報から隔絶するために発生する。

17 集団の中で手を抜くとき

同じ課題を、一人で行う場合と、他の人と協働で行う場合とでは、個人の意欲に差がみられるであろうか。つまり意欲は、競争という形で高まるのか、それとも手抜きという形で低くなるのか。

五〇年前に、ドイツの心理学者リンゲルマンが大変興味深い実験をしている。一本のロープを精一杯引っぱった時の張力を測定できる装置を開発し、そのロープを単独で、二人で、そして八人で引っぱらせた時の張力をそれぞれ測定した。

その結果、全体の張力は集団の人数が増えるに従って大きくなったが、逆に各個人の努力量は、一人のとき六三kg、二人のとき五三kg、八人のとき三一kgというように著しい低下を示した。つまり集団が大きくなるにつれ、一人当りの努力量は低下していったのである。

社会的手抜き理論

この実験結果について社会心理学者ラタネは次のように説明している。

「集団がある課題をなすとき、外部からその集団に対して精一杯努力するよう圧力が加わる。この外的圧力はメンバーの間で拡散される性質を持っている。したがって、集団の規模が大きくなるにつれ、個々のメンバーは一生懸命努力することについて小さな圧力しか感じなくなる。そのため、各自の努力の度合は減少してしまい、いわゆる**社会的手抜き**が発生してしまう」。

この考えを実証するために、ラタネは二つの課題を考案した。一つは「ワァー」とあらん限りの大声を出させる課題であり、他の一つは精一杯強く拍手をする課題であった。いずれにつ

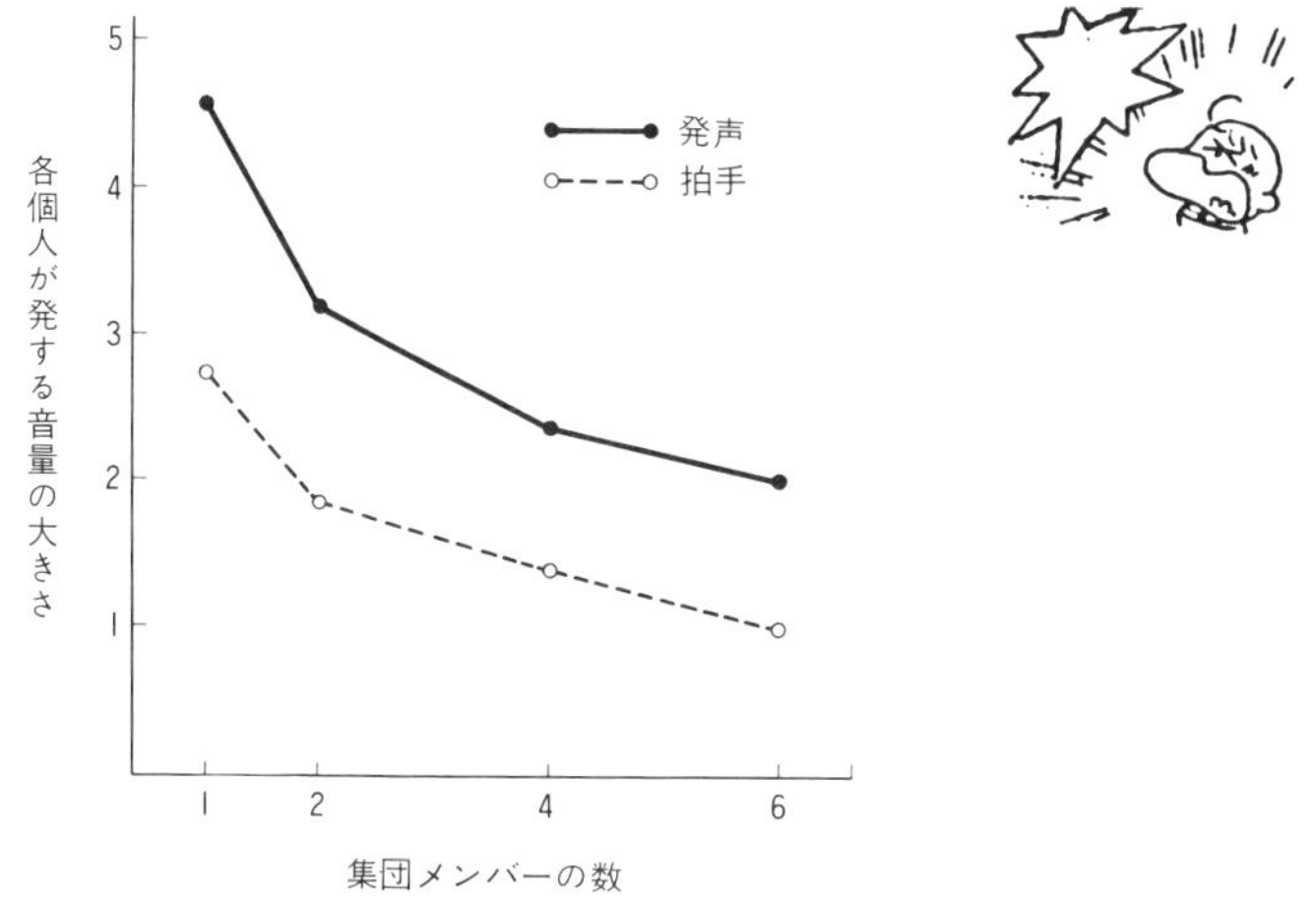

図　集団のサイズと「手抜き」の大きさ　(Latané ら, 1979 より)

いても、その音量の大きさが個人の努力の指標とされた。

被験者は、単独で、二人で、四人で、そして六人で一斉に「ワァー」と最大限に叫んだり、力一杯拍手するよう求められた。

その結果、拍手の場合も、大声を出す場合も、集団のサイズが大きくなるにつれ、個人の出す音量はガクンと低下している。

このように、人は集団で事をなす時、頑張るどころか逆に手を抜く可能性がある。この事実も、集団は個人よりも生産的という神話の真ぴょう性に対して警告を発している。

この手抜き現象は、個々のメンバーの**責任の拡散**が生じたときに発生する。いわゆる赤信号皆で渡れば恐くないの心理である。したがって、集団の中で個々人の役割、使命、そして責任を明瞭にしておくことで未然にこれを防ぐことができる。

18

日米交渉も配置次第

❀ 対人間距離理論 ❀

「まあまあ、そこをなんとか」
「ここはひとつお互い紳士的に……」
「お怒りはごもっともですが、今日のところは平にご容赦を」。

　これらの語り口は、団体交渉場面でのトゲトゲしい雰囲気をなんとか和らげようとしたり、血相変えて抗議に駆け込んできた人の興奮を鎮める際の常とう手段である。

　しかし、そういう言葉以外にも、その場の人物、椅子、机などの配列に工夫を凝らすことで、トゲトゲしさや興奮の度合を一段と落着かせることが可能となる。

　交渉場面では、交渉当事者間の**対人距離**をあらかじめ小さくしておくこと、たとえば机の幅を狭くしておくことで、雰囲気が必要以上に荒々しくなるのを防げるであろう。

　また、抗議の場面では「まあここにお座りください」と促しながら、その人を自分の傍にかけさせて話ができれば、テーブルを隔てた場合よりも、その人の怒りは恐らく減殺されることになろう。

　配席の妙が、場の雰囲気を創り出す。図を見ていただきたい。二人の人が椅子に腰かけるとして、並んで座る場合(A)と、机をはさんで対面して座る場合(B)とが想定できる。あなたは、二人の仲の良さは、AとBではいずれが上と評定されるであろうか。

　きっとAと答えられたに違いない。これまでの調査結果でも圧倒的に多くの回答者がAと答えている。つまり椅子を配置する際、机をはさむ形で対置するよりも、並列する方がより友好的、かつ打ち解けた雰囲気が出るのである。

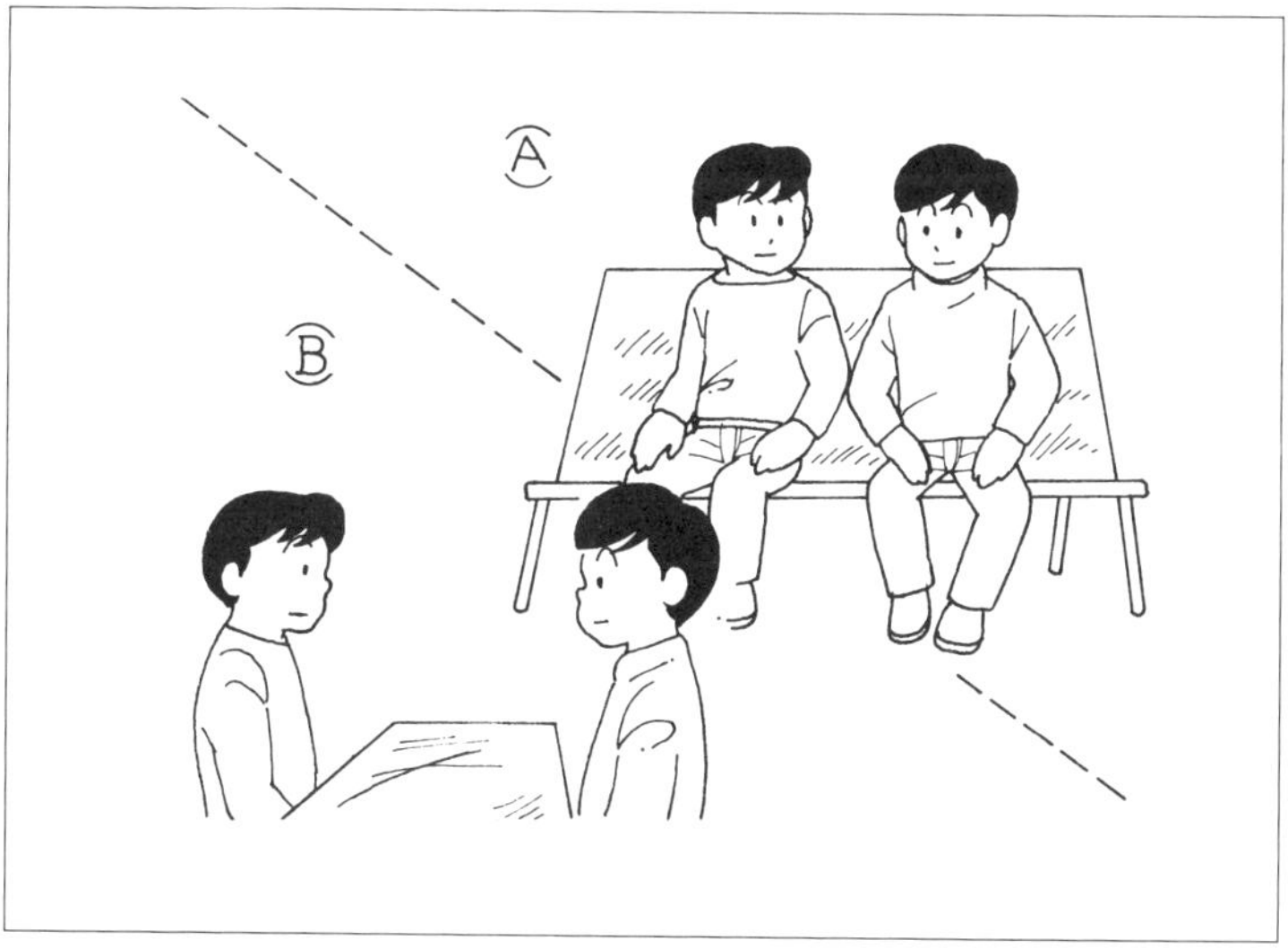

　事実、国賓と総理大臣との会見のように親善が目的の場合、あるいは日米貿易交渉などのように交渉が目的の場合になされる椅子の配列の仕方をみていると、前述したことがよく感じられる。

　つまり前者では、総理大臣と国賓との椅子は、向かい合うのではなく、お互い傍に座るという感じの配列になっており、小さな声でも十分に聞こえるようになっている。これがやわらかい雰囲気を出すことになる。親善が目的だから当然である。

　ところが、後者では全く逆の感じが出るようになっている。日米の代表は幅の広いテーブルを境として向かいあっているため、いきおい対決のムードが醸成される。また、幅広の机が原因で双方の物理的距離もかなり大きい。そこで声もついつい大きくなってしまう。もちろん大声は荒々しい雰囲気の象徴である。

19 あなたもリーダーになれる

リーダーシップの三つの条件

職場、学校、あるいは趣味のサークルなど、集団は必ずリーダーを必要とする。

しかし誰もがリーダーになれるわけではない。次の三つの条件を満たしてなければダメである。

(1) 集団を理解すること

まず、集団とは何かを理解していなければならない。当然ながら、集団とは複数の人の集まりをさす。つまり集団の最小単位は二人である。

しかし単に複数の人がいればよいというものではない。例えば駅には大勢の人々が往来しているが、これを集団とは呼ばない。人々の間で共通の目標が持たれていないからである。集団と呼べるには、目ざす**集団目標**が全ての成員間ではっきりしていなくてはならない。

複数の人が、共通の目標を持ち、それの達成へ向けて全員の一体感が認められるときにのみ集団となる。リーダーはこのことをよく理解していなければならない。

(2) 目標実現で活躍できること

リーダーになれるための第二の条件は、集団の目標を実現する上で、他の成員以上に集団に貢献できることである。

集団は、時間とともに構造化されていく。つまり、地位序列の点で成員間に違いが出始める。

高い地位につく人は誰かといえば、それはその集団にとって価値を持つ属性、例えば能力、知識、経験などを持ち、**集団目標の実現**に最も貢献できる人である。

(3) 人望が決め手

第三の条件は、他の人々から**人望**を取りつけられるか否かである。

リーダーシップ、つまり影響力の行使は、どんな場合でも、それが他の成員から受け入れられることを前提にしている。リーダーがいかに働きかけても、他の人がその正当性を認め、受け入れてくれないことには、全くの空振りに終ってしまう。

成員がそのリーダーを受け入れること、つまり、人望は、リーダーと成員との間のギブ・アンド・テークによって造られていく。リーダーは、他の成員にはない知識、経験、判断などを提供する。そして集団を成功に導き、その見返りとして、成員から承認や尊敬などの心理的報酬を得る。

他方、成員の側は、自己の自由な意思を放棄してまでリーダーの指示に従う。このことの代償として、自分一人では不可能であった目標の実現を報酬として手に入れる。このようなやりとりが繰り返されながら、人望は徐々に積み上げられていく。

20 会社人間は会社に不利益

組織による社会化過程

「学生の頃と比べて、遅刻はもちろん、自分の好きな事ばかりはできないし、何かと大変です。気も使うし、緊張します」とは、多くの新入社員の偽らざる感想である。

就職すると、個人は組織による強力な働きかけを受ける。これは**社会化過程**と呼ばれ、その組織で重要とされる事柄が個人に教示されることを意味する。具体的には規則の強調、教育訓練、上司や先輩の指導などを通じて、入社直後から盛んに行われる。

この社会化の過程は、規律の遵守や秩序維持を最重要視する点で、軍隊組織や刑務所組織で最も顕著といわれる。

しかし個人は、社会化によって組織から一方的に飼い慣らされるだけではない。自分の私的な欲求をできるだけ充足させ、自分のアイデアを生かそうとして、積極的に組織へ働きかける。これが**個人化過程**と呼ばれるものである。

この個人化の過程は、その強さによって、次の三つに分類できる。

第一のタイプは、反抗ともいえるもので、社会化によって生まれる全ての規範や価値観を否定する人である。こういう個人は稀に有益なインパクトを組織にもたらすこともあるが、大抵「望ましくない人」として組織から追われることになる。

第二のタイプは、**創造的な個人化**といえるもので、社会化によって作られる重要な規範は進んで受容する。しかし枝葉末節の規範は無視、あるいは作り変えたりして、たえず新鮮な刺激を組織や職場に持ち込もうとする人である。これは個人と組織の双方にとって理想的な状態と

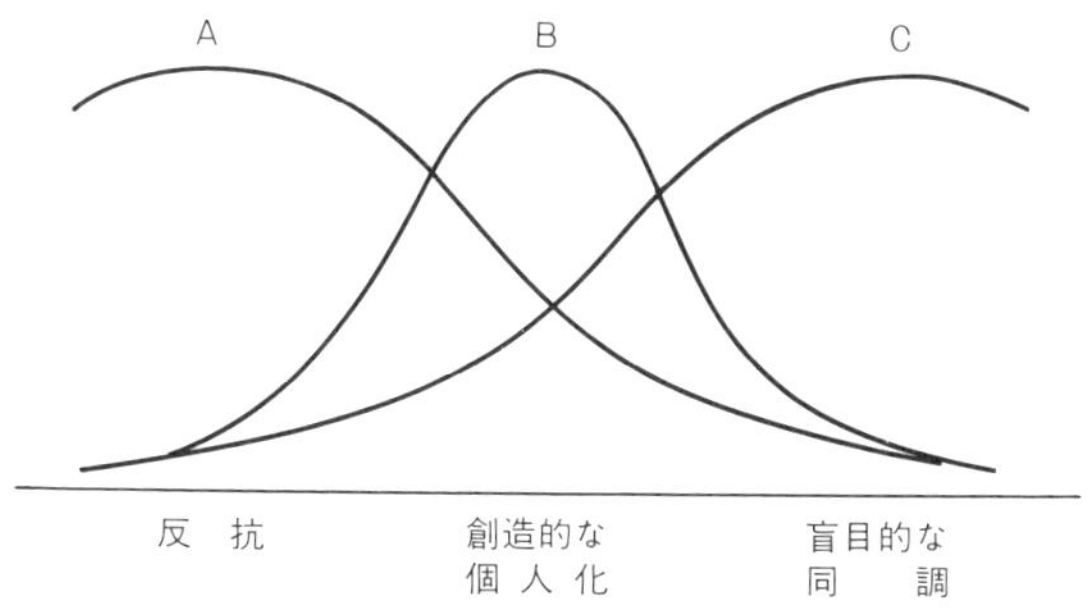

図　個人化の程度による組織のタイプ

いえる。

そして第三のタイプは、個人化がはなはだ弱い場合である。つまり社会化による価値観や規範への全面的かつ**盲目的な同調**である。これが高ずると「会社に指示されることには何でも従うが、自分の頭では何も考えない人」といういわゆる〝会社人間〟が誕生する。したがって、このような人が多い場合、創造的かつ斬新なアイデアは生まれてこないし、長期的にみれば組織は硬直化への途をたどることになる。

これら三つの個人化タイプは、図に示すように、反抗から盲目的同調に至る一つの連続体上に並べることができる。そして、ある組織内の人々が、この連続体上でどう分布しているかを調べることで、その**組織の活き活き度**が測れる。

当然、創造的な個人化を目指す個人が大勢いるBタイプ組織ほど、より健全かつ活力を秘めた組織といえる。このような組織では、連続体上で個々人が正規分布する。

21

歪みがちな上役への伝達

組織内コミュニケーションの歪み

多くの人とコミュニケーションを交し、積極的に発言すること。これが、組織や集団の中で影響力を持つための秘訣である。

組織のなかでどんなコミュニケーションがなされているかを、ウィキスバーグが調べている。管理者と非管理者合計九一名に対し、ランダムに五日間を選び、仕事に関して、どんな内容のコミュニケーション（口頭および文書）を、どんな目的で、どの程度の時間、誰と交したかを全て詳細に記録するよう頼んだ。

その結果、直属の上司や部下と接触する割合は、全コミュニケーションのうち、管理者で一九・四％、非管理者で七・一％にしかすぎなかった。

つまり、組織内の人々は、自分の職場の内外で、縦横の幅広い対人関係のネットワークを張りめぐらしていることがわかる。

ところで組織のなかでは権限や有益な情報を多く持っている人に対しては、どんどんコミュニケーションが向けられる。

誰もがその人の「意見を拝聴しておこう」と考えるためである。したがって、周りの人から意見を尋ねられることの多い人は、「自分は貴重な人物として他の人の目に映っている」と思って間違いない。

よく「そんな話は聞いていなかった」と怒る人がいる。これなど、文字通り聞いていないのではなく、自分に何も尋ねたり、知らせて来ないのは、自分を軽く見ているためと腹を立て、八つ当りしているのである。

組織では、**階層構造**の故に、下位者から上位者へのコミュニケーションは、どうしても歪む

ことが多い。

高地位は、高収入、社会的名声、権限などを伴うため、ほとんど誰もがその地位につきたいと願う。しかし、高い地位の獲得はそんなに易しいものではない。上位者から価値ある人物と認められなくては実現しない。

このため、上司の承認を得たり機嫌をそこねないようにするため、下位者は真実を伝えることをためらってしまう。上司の立場を危うくしたり、批判したりすること、あるいは自分の評価を低めるようなことを避ける形で報告してしまう。

ローゼンという研究者は、これを口をつぐむという意味で**マム効果**と名づけている。

この心理は誰もが持つものではあっても、これが高ずると、ウソの情報が伝達されたり、収集され続けることになり、組織の効率は脅かされてしまう。

22 「言い訳」の心理

自己ハンディキャッピング

ゴルフに行ってスタート前に「もう長いことしてないからなー」と一人がつぶやく。「俺もそうなんだ。クラブを握るのは三ヵ月ぶりだよ」と他が応ずる。みんな自分に練習不足という重大なハンディがあることを言い合う。

これから行うことにひょっとしたら失敗するかもしれないと感ずるとき、我々は自分自身にハンディキャップを与える。失敗するとすれば、それは自分の能力や意欲などの内的要因ではなく、例えば練習不足や風邪などの外的要因のせいと、事前に予防線をはろうとする。これを**自己ハンディキャッピング**と呼ぶ。

バーグラスとジョーンズという研究者たちが、これを次のようにして確かめている。知的作業をする上で、二種類の新薬品がどう影響するかを調べるという名目で大学生を被験者に実験を行う。実験の冒頭、「これから皆さんの知的水準を調べる問題の、前半を解いてもらいます。次いで二種の薬品のうちの一方を飲み、薬の効果が出た後で、再び残りの問題を解いてもらいます」と説明を受ける。

大学生たちはさっそく問題を解き始めるが、実験の操作として、被験者の半数には解決不可能な（正解がない）問題ばかりが、残りの半数には解決可能な問題ばかりが与えられている。

前半の解答終了後、双方の被験者に「なかなかうまく解けている」との評価を与える。当然、解決不可能問題を解いたグループにとってはウソの評価となる。

この後、被験者たちは二種類の薬のうちいずれを選ぶかを問われる。一方の薬は「アクタビル」という名で、知的機能を一段と促進させる

効果がある。他方は「パンドクリン」で、知的機能をぐっと抑制する効果を持っているとされる。いずれも架空の薬品名であるが、いかにも効く感じがする。

さて解決不能な問題を解かされた被験者ほど抑制作用を持つパンドクリンを選ぶ率が高いと予想される。何故なら、前半での成功は全くの偶然と感じており(実際は解決不可能だから)、後半の失敗(解決不可能だけに失敗するのは必至)に備えるために、自己ハンディキャッピング戦術に出るに違いないからである。

被験者は実際に薬を飲むことはなく、いずれを選ぶかを答えたところで実験は終了した。

結果は予想通りであった。抑制作用を持つパンドクリンを選んだ被験者は、解決不可能グループでは六〇%にも達したが、解決可能グループでは僅か一八・五%であった。

人は将来において高い確率で失敗が予想されると、その失敗を正当づけてくれる口実を探す。

23 理想的な管理者のタイプ

社会化されたパワー動機

すぐれた管理者について、マックレランドは次のような研究結果を報告している。

「達成動機が強くても、すぐれた管理者になれる保証はない」

なぜなら達成動機が強すぎる人は、仕事の出来ない部下が一人でもいるとイライラして我慢できなくなり、何かにつけ部下に当りやすいからである。

「親和動機の強すぎる人は、すぐれた管理者にはなれない」

なぜなら親和動機の強すぎる人は他人（ことに部下）からよく思ってもらいたい、好かれたいという願望を強く持ち過ぎて他人に厳しいことを言えない。また、ある個人の私的な要求をきちんと断りきれず、つい「まあ仕方ない。今回限り」と受け入れてしまいやすい。これが後々、他の人達の不公平感をつのらせる。

「すぐれた管理者になるには**パワー動機**が強くなければならない」

なぜなら管理という仕事の基本は、人を動かすことである。したがって、管理者には他者に対して効果的な影響力（パワー）を及ぼしうる人の方がふさわしい。

ただし、ここでのパワー動機とは、自分の恣意的な欲求を実現するための力の拡大や強化ではなく、あくまで組織や職場の目標の実現をめざし、他者の利益に資し、そして自己統制の効いたパワーの発揮を意味する。これをマックレランドは**社会化されたパワー**と名づけている。

要約すると、すぐれた管理者のプロフィールは、①親和動機は弱く、②達成動機は必ずしも強くなくてよい。しかし③パワー動機は強く、

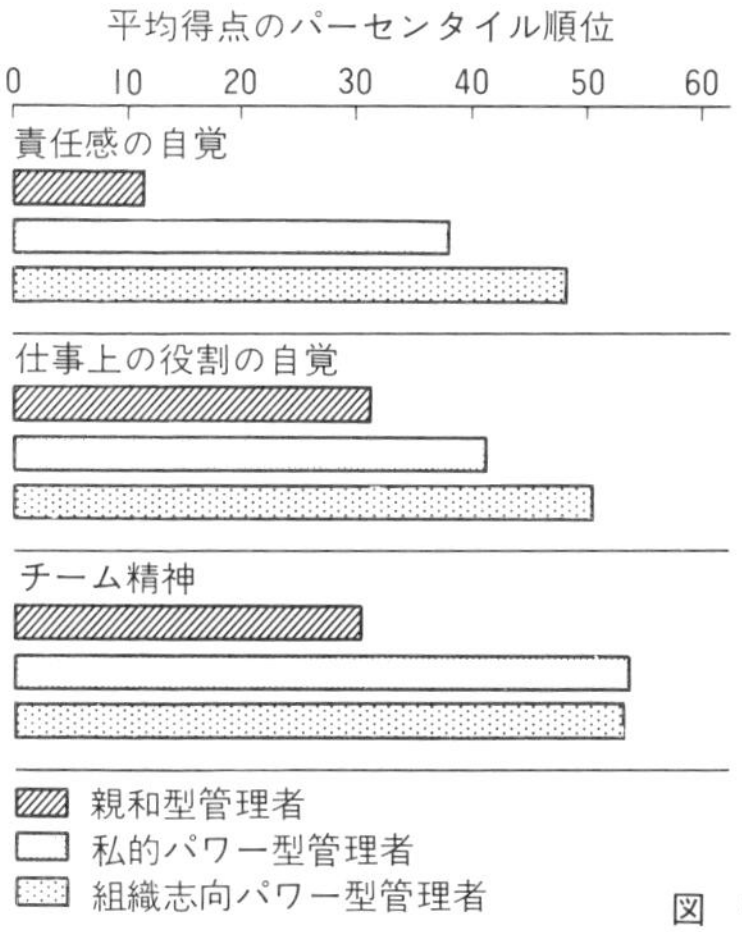

(McClelland ら，1976)

図　管理者のタイプと部下のモラール

かつ④十分に抑制され、社会化されていなければならない。

このプロフィールの妥当性を裏づけたデータを、マックレランドは発表している。

ある会社の管理者の中から

A　親和型管理者――親和動機がパワー動機よりも強く、パワーの抑制は強い。

B　私的パワー型管理者――親和動機よりパワー動機が強く、パワーの抑制は弱い。

C　組織志向パワー型管理者――親和動機よりパワー動機が強く、パワーの抑制も強い。

という三つのタイプの管理者を選び出し、これら各タイプの管理者のもとで働く部下の、責任性の自覚、仕事上の役割の自覚、そしてチーム精神がどう違うかを調べた。

図からみてとれるように、部下の責任性の自覚、役割の自覚、そしてチーム精神の全てについて、組織志向パワー型管理者のもとで最高、逆に、親和型管理者のもとで最低となっている。

24

顔の広さ、顔の狭さ

仕事の上での依存関係

同僚が、仕事や交渉事をうまくやり遂げたときなど、「彼は顔が広いから」と評する。顔の広さは、組織人にとって強力な味方である。

仕事は一人ではできない。誰もが周囲の人々と緊密なかかわりを持ちながら仕事をしている。これを**相互依存関係**と呼ぶ。

ここでいう依存関係とは、決して受動的、消極的な意味ではない。ある課題を解決する際に動かさなくてはならない人びとのことをいう。ある時は部下を、ある時は同僚や他職場の人々を、そしてある時は上司を動かさなくてはならない。

効率よく仕事をするには、まず自分の依存関係がどういうものか、どの程度多くの人とかかわりを持ち、それぞれの人とのかかわりの重要さをはっきりと意識しておくことが大切である。

そして次に、その依存関係を適切に処理するに十分な**パワー**を身につけなくてはならない。依存関係の広がりと数は、組織内の地位に比例して増大する。このため、高地位の人ほど多種のパワー源と、より強力なパワーを持つ必要が出てくる。

円滑に仕事が全うできるのは、依存関係の大きさと均衡するだけのパワーを持っている時である。依存関係の大きさを余裕を持って上回るパワーを持っていれば、より発展的な仕事ができる。ところが、依存関係の大きさ以下のパワーしか持ちあわせていなければ、残念ながら仕事は行き詰ってしまう。

依存関係の認知が不正確、かつ依存関係にテキパキ対処できるパワーを持たぬ人に、創造的

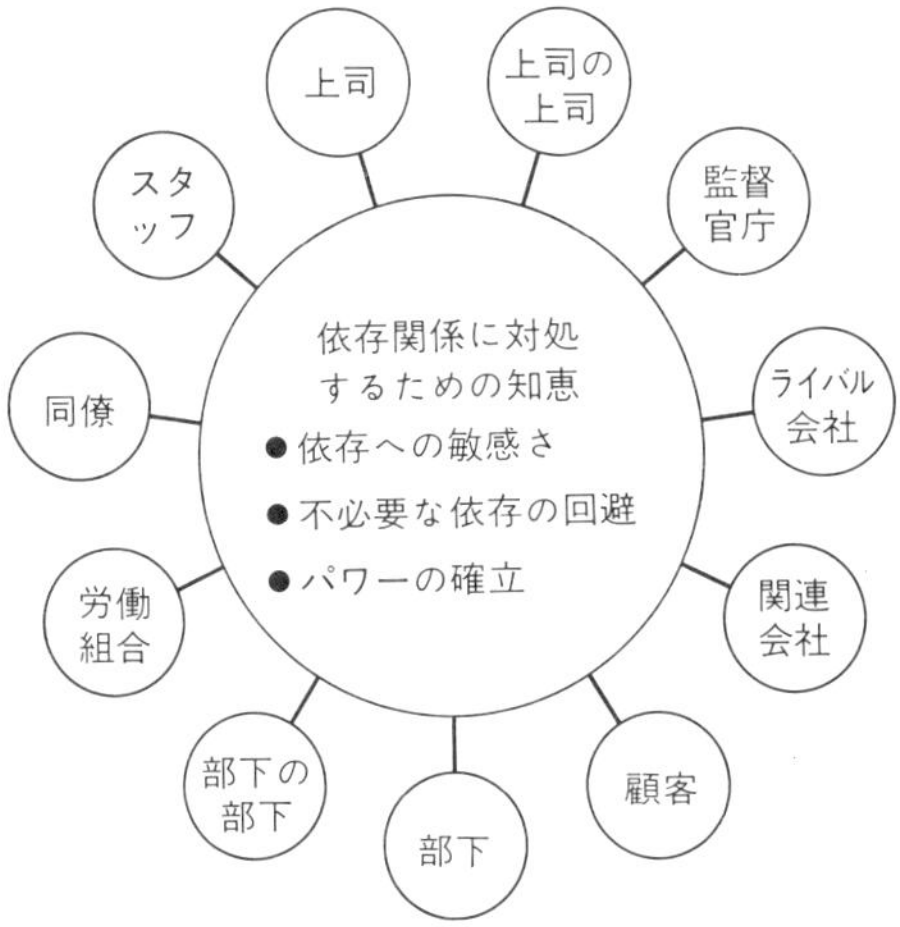

図　仕事の上での依存関係

かつ発展的な仕事は期待できない。よく、一兵卒の時はかなりよく仕事が出来ていたが、皆の取りまとめ役に昇進したとたんにダメになる人を見かける。これなど、**依存関係認知**の不正確さとパワーの不足によることが多い。

　パワーは、他者に働きかける時だけでなく、他者から働きかけられる際にも必要である。例え、いかなる要求や指示が寄せられたとしても、それらを誠実かつ前向きに検討してみて、どうみても不適切、妥当ではないと判断すれば、「かくかく、しかじかの理由でノー」と言えなければならない。

　すぐれた組織人は、攻めだけでなく、守りにも長けている。

　パワーとは相手に行わせたいことをその通りに行わせるための力と自分が納得しかねることを人から強制されないための力といえる。

　正確な依存関係の認知と、パワーがないままで、自分の顔を広くするのは難しい。

25

身勝手な上司

帰属理論からみた部下の評価

あなたは管理者。そして二人の部下AとBを持っている。

A君は、何事もいちいち細かく指図し、手助けしてやらなくては所期の成果を収められない。一方のB君はヤル気満々で、よろず自ら進んで取り組むタイプ。ただし、二人の仕事の出来具合（業績）は全く等しい。

あなただったら、A君とB君のいずれをより好ましい部下と評価されるであろうか。

キプニスという研究者が、これを実験で調べている。多くの管理者が好ましいとするのは、自発的意欲モリモリ型のB君であった。

管理者にしてみれば、ガミガミ言わなくとも自発的に動いてくれる部下の方が楽なことは言うまでもない。だから、部下が自分を無視し、極端に自由勝手な事をしでかさない限り、上司は、**自発性に富む努力型部下**が好きである。その意味で、上司もかなりの身勝手ではある。

ある日、大切な業務の打合せに、隣の課の若手社員が遅れてやって来たとする。その社員の遅刻の原因を、あなたはどう説明されるであろうか。

おそらく、「日頃から緊張感や責任感に欠けるから」「仕事を甘くみてるから」「何かにつけ怠惰だから」というぐあいに、その若手社員の内的な特性（ヤル気欠除など）に原因を求めるであろう。

ところが、その打合せに遅刻したのが自分自身だったらどうなるか。今度は、自分の内的な特性のせいにすることはまずない。「不意の来客で」「大切な電話が長引きまして」「何しろ電車が遅れまして」など、あらん限りの言葉を尽く

して外的原因（環境）のせいと、申し開きをすることになるだろう。

まずい結果が生じた場合、自分が当事者のときは周りのせいにし、観察者のときは本人のせいにする傾向を我々は間違いなく持っている。

部下のヤル気のなさの原因探しも同様で、部下の内的な特徴、例えば自覚のなさ、責任感のなさ、努力不足などのせいとすることが圧倒的に多い。

もちろん、これが正しい場合もある。しかしワンパターンで「部下が悪いから」と上司が決めつけると、部下の側も「どうせ……」という反応をするようになる。

部下のヤル気のなさが発生する背景には、外的原因つまり、条件整備の不足、上司の指示や指導の不十分さなどが影響していると考えなくてはならない。「なにしろ部下が……」とばかりは言ってられない。自分に責任があることだって少なくないのである。

26 よその会社ほど高給にみえる?

社会的公正の理論

給与は、組織人にとって様々の意味を持っている。生活を維持する経済的報酬、組織で自分が評価されている程度の指標、あるいは何か自分が価値をおくものを手に入れる道具の意味などである。

そのために、組織人の感情、特に不満足感が給与に投影されることになりやすい。人は次のような個人内の公正さと比較による公正さを考慮して自分の給与を評価している。

A 個人内の公正——自分の仕事を遂行する際に必要としたインプット(職責、仕事の難しさ、努力の程度など)を評価し、それに見合うだけのアウトプット(給与)を見積る。

B 比較による公正——世間相場、同僚、上司や部下など周囲の人々と自分の給与との比較を通して、自分のインプットに見合うアウトプットを見積る。

これら個人内での公正と比較による公正を同時に算定し、自分にふさわしい期待給与額(この位はもらってしかるべきであろう)を見積る。現在の給与額と、この期待給与額との差(これを給与不公正と呼ぶ)が大きいほど、給与に対する不満足感は高ずることになりやすい。

給与の不公正感は、とりわけ他者との比較によって大きな影響を受けることがわかっている。古川久敬は、ある組織の三九二名の管理者が自分の給与を主に誰と比較しているかを調べてみた。

すると比較対象を、自分の組織内に求める管理者(五二・二%)と、組織外に求める管理者(四七・八%)とがいた。そして、前者の中では同地位を選ぶ者が、後者では私的な友人と他の会社

で自分と似た仕事をしている人を選ぶ者が多かった。
注目すべき点は、給与不公正感が、比較対象を組織内に求める管理者よりも、組織外に求める管理者において、一貫して高くなっていたことである。その組織の現在の給与額は管理者間で差がなかったことから、不公正感の違いは期待給与額の見積りの違いに由来していた。
きっと「よその会社の管理者は自分よりももっと多くもらってる」との心理が働いたのであろう。いつも〝隣の芝生は青々と見える〟のである。
次に、部下との給与差をどうみているかを調べてみた。その結果「小さすぎる」と感じている管理者ほど、自分の期待給与額をより高く見積ることがわかった。部下と比べると責任もズッシリ重く、仕事の重要さだって段違いなんだから、もっともらって当然、と考えたのである。

27

サラリーマンのストレス

(イ) ささいな事でイライラし、焦りを感ずる。
(ロ) 集中力が落ちたようだ。
(ハ) 肩こりや疲れがなかなか抜けない。
(ニ) 夜ぐっすり眠れない。
(ホ) 何となく憂うつで、ヤル気が出ない。

これらの自覚症状があれば、あなたはかなりのストレス状態にあるといえる。

だからといって〝もうダメだ……〟と滅入ることはない。現代人は誰もが何がしかの**ストレス**を持っている。我々はそれを何とか克服しなくてはならない。

ストレスの発生メカニズムは図の通りである。まず個人の周りにストレス源が発生する。しかし、全てのストレス源がそのまま我々にストレスを感じさせる訳ではない。各個人の性格や気持ちの持ちようで違ってくる。

ストレス解消法

例えば、**ストレス耐性**の強い人、心にゆとりのある人では、いかにストレス源が強力でもそれを適切に処理できる。したがって、ストレス克服の鍵は、ストレス発生のメカニズムを理解し、〝ストレスの一つや二つはあたり前〟と思える気持ちのゆとりにある。

組織人にとっての主なストレス源は、次のとおりである。

(1) 仕事そのもの　**単調感や疎外感**を生む仕事、過度の肉体労働、長時間労働。さらに、仕事上の量的、質的負荷。例えばやるべきことが多すぎるとか種々の障碍がありはなはだ難しいなどである。

(2) 役割期待に関するもの　まず、**役割期待**の曖昧さがある。〝今、自分は何をすべきか〟がはっきりしていない人ほど、抑うつ的に

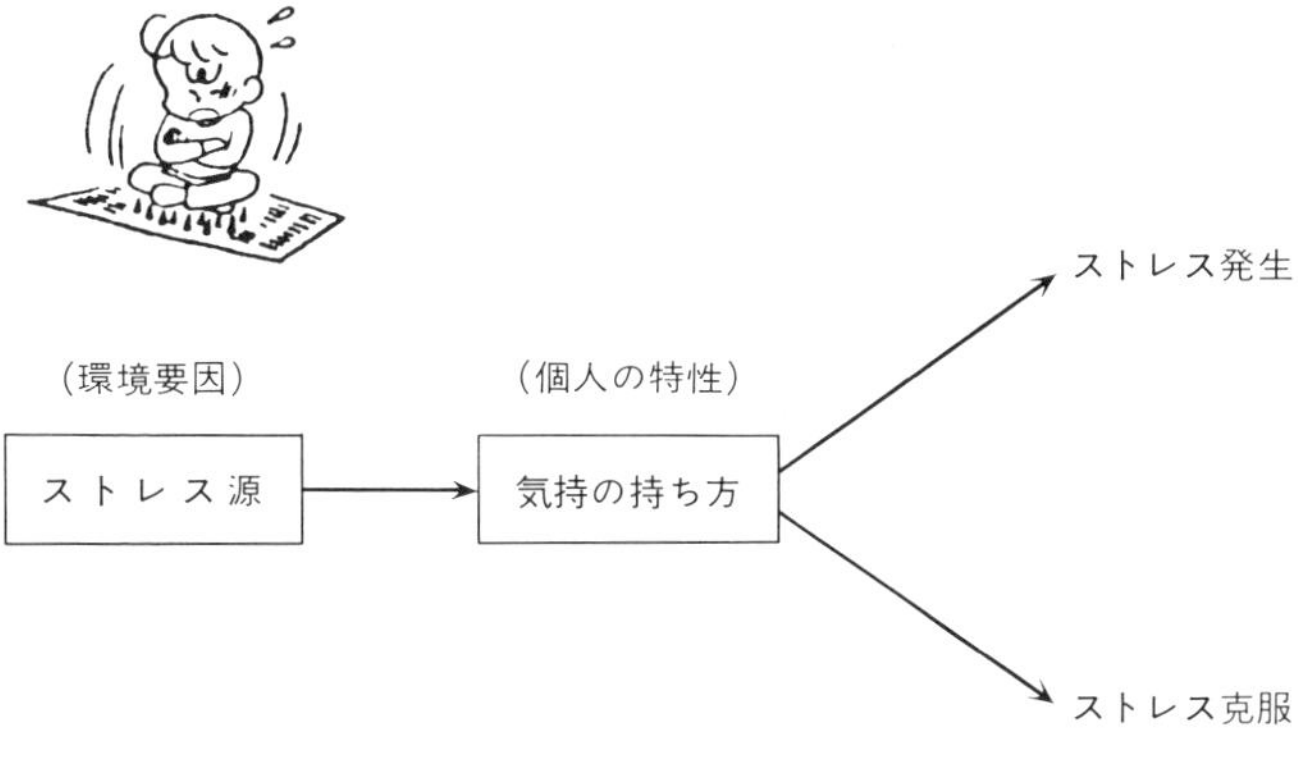

図　ストレス発生のメカニズム

なり、自尊心や意欲を低下させる。また仕事上の不満も高くなりやすい。

次に、**役割期待間の予盾**ないしは対立もある。例えば、上司と部下の言い分が相対立するとき（上下の板ばさみ）、上司の指示と他部署の要求が相反するとき、自分の考えと他人のそれとがくい違うときなどである。

上司との相性、同僚間のいがみあいやあつれき、部下管理の難しさなど、職場内の人間関係の悩みを訴える人がはなはだ多い。この役割期待間の予盾で、組織人は最も苦労させられるのである。

そのほか、

(3) 人に対する責任、
(4) 人事異動や昇進、
(5) 職場の雰囲気（派閥など）、
(6) 組織外の要因（家族の要望と会社の要請との対立、社会の変化）、

などもストレス源となる。

28 日本型の組織忠誠心のゆくえ

Zタイプの組織づくり

アメリカで人気のある漫画で、次のような会話が交されていた。

「新しいカメラを買ったな」

「うん。カミ・キャ・シカのだよ」

「日本製だね」

「いや。国産さ。なんでも高品質に聞こえるブランド名をつけたかったそうなんだ」

「へえー。時代も変われば変わるもんだ」

会話の中のカミ・キャ・シカは、たぶん神風、キャノン、そしてヤシカをもじったものであろう。わが国の製品、例えば電気製品、カメラ、自動車などが欧米市場へ大量に流入し、しかもそれらが現地の製品と対等もしくはそれ以上の市場競争力を持つに至ったことは周知のところである。

欧米の経営者たちが、とりわけ「手ごわいぞ」とみているのは、日本製品の質の高さである。ひと昔前までの評価は、安いのが取柄位のものだったわけで、ここに、先程紹介した漫画のおもしろさがある。

日本企業が高生産性を上げうる背景には、働く人々の間に他に類を見ない高い**組織忠誠心**があるとされている。

高い忠誠心が生まれる条件として、オオウチは、図に示すように、終身雇用、ゆっくりとした人物考課と昇進、専門を定めない昇進コース、非明示的な管理機構、全員一致を旨とする集団による意思決定、集団責任体制、そして成員に対する全面的かかわりで特徴づけられる**日本型（Jタイプ）企業の経営原則**があるとする。

これと比較すると、米国型（Aタイプ）企業の

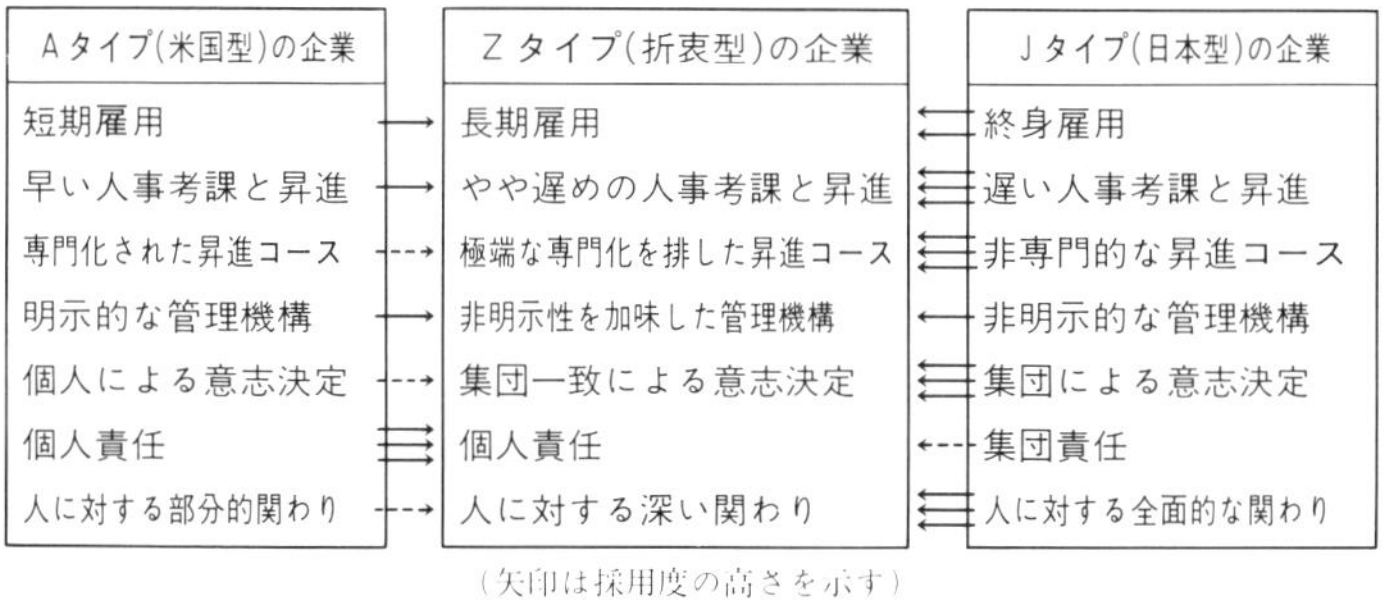

Aタイプ(米国型)の企業	Zタイプ(折衷型)の企業	Jタイプ(日本型)の企業
短期雇用	長期雇用	終身雇用
早い人事考課と昇進	やや遅めの人事考課と昇進	遅い人事考課と昇進
専門化された昇進コース	極端な専門化を排した昇進コース	非専門的な昇進コース
明示的な管理機構	非明示性を加味した管理機構	非明示的な管理機構
個人による意志決定	集団一致による意志決定	集団による意志決定
個人責任	個人責任	集団責任
人に対する部分的関わり	人に対する深い関わり	人に対する全面的な関わり

(矢印は採用度の高さを示す)

図　Zタイプの組織づくり　（オオウチ，1981より）

経営原則は正反対で、これでは働く人々の高い忠誠心は望めないという。

そして、米国企業が日本企業に対抗していくには、JおよびAタイプ双方のもつ長所を採用した**Zタイプ**の組織づくりが必要と説いている。

ただし今後、日本型組織も成員の高い忠誠心を期待するのが難しくなってきつつある。厳しい経営環境の中で、少数精鋭体制が進んでいる。年功序列の見直し、管理職ポストの減少、早い時期での肩たたきもある。

確かにこれまでは、うちの会社が定年まで面倒みてくれる、じっとガマンし、真面目にコツコツやってればいつかは管理職になれる、などの安心感と交換する形で、会社のため、を思って身を粉にして頑張ってきたのである。

この心理的な交換関係が壊れるとき、個人主義思潮（ミーイズム）の台頭と相まって、日本型組織忠誠心にかげりが見え始めることになる。

29

心臓疾患に陥るモーレツ社員型

タイプA人間

まず、次の各症候にイエス、ノーで回答していただきたい。

( )早口でしゃべる。
( )忙しそうに動きまわる。
( )食事のスピードが早い。
( )事の進み具合いが遅いと我慢できない。
( )興味のない事に耳を貸す暇はない。
( )何もする事がないとかえって落ち着かない。
( )一つの事に長く集中できない。
( )何事もさっさとやってしまおうとする。
( )人と張りあってしまう。
( )自分や人の成績がひどく気になる。

以上の質問で、イエスの数が多ければ、あなたは**タイプA**だし、逆にほとんどノーだとすれば**タイプB**といえる。何も血液型の話ではない。人の行動特性の分類である。

タイプAの人は、数の点では四対六の割合でタイプBより少ないが、エネルギッシュで行動への活力に富み、より競争的かつ攻撃的、そしていつも時間に追われているような行動傾向を持っている。

このタイプAが注目され出したのは、心臓疾患に陥る率が、タイプBの二倍以上もあることが報告されたからである。

ぐっとリラックスし、ゆったりと行動するタイプBと比べ、約束の時間より必ず早めにやって来たり、すごい成績を上げたいと願っているタイプAは、いつも猛烈にセカセカと、緊張しながら職場でも家庭でも時を過ごす。

そしてある日突然、脳卒中や心臓発作が襲っ

てくるというパターンで、モーレツ・イズ・ビューティフルどころではなくなってしまう。
人間関係の点でも、タイプAは特徴がある。他人、特にグズな人と一緒にいるのをとても嫌がる。人から何かを制止されたりすると、カッとなりやすく、反発的態度を露骨に見せる。
タイプAの人は、何か作業をさせると良い成績をとる。これは時間の制約があればあるほど顕著である。また難しい仕事を与えられてもあまり文句を言わないし、仕事で疲れを感ずることも少ない。要するにタフである。
ただ、順風満帆の時はよいのであるが、ひとたび障碍にぶつかるとぐっと弱くなる。障碍にぶつかったのだから、何か別の効果的な方策はないかを冷静に探すべきなのに、残念ながらそれが苦手である。そのため、それまでの方法に固執したり、かえって効果のない方法をとったりしてしまう。そして成果のあがらぬことについて自罰的になってしまうところもある。

30 和をとるか、業績をとるか

報酬分配の方法

毎夜、全国のサラリーマン諸氏が、焼き鳥をつつきながら、「わが社の業績評価はなってないよ。あれじゃ俺ヤル気なくすよ」「全くだ。あんなヤツが課長になって。うちも能力主義、実力主義に立たなきゃダメだな」などと悲憤慷慨している。

組織の中での処遇等、報酬分配のいかんは、組織人が等しく敏感なところである。

どのような組織も、成員（報酬受容者）に経済的および心理的報酬を適切に分配し、成員の欲求を満たし、仕事への意欲づけを行う。この報酬分配の方法には、大別して次の二つがあり、各々固有の効果を持っている。

(1) **貢献度相応分配**　これは成員の頑張り度（貢献度）に注目し、その頑張り度に応じて分配する方法である。これは集団の業績水準を高める効果を持つが、他方で、少ない報酬しかもらえない成員は、その理由がわかってはいてもおもしろくなさを感じ出し、集団内の対人関係に緊張感が漂い始める。

(2) **均等分配**　これは全ての報酬受容者に、彼らの頑張り度とはかかわりなく、一律に報酬を与える方法である。この均等分配では、誰かが他よりも多くもらうという心配がないため、成員間に高い安心感と調和が生まれる。しかし、業績を上げても多くもらえる訳ではないので、集団全体の業績は必ずしも高まらない。

現実の組織においては、これらの分配方法のいずれかが単独で用いられるのは稀である。日本では、業績給や能力給が貢献度相応分配に、

仕事のヤル気と業績向上を狙うよう指示		和と職場のなごやかさ向上を指示	
高業績者	9.17％	高業績者	8.30％
低業績者	6.25％	低業績者	6.33％

年功的色彩の濃い基本給が均等分配に、それぞれ相当する。

さて、これら二つの報酬分配方法は、各々どんな条件のもとで選択されやすいかを調べた古川の実験をみてみよう。

実験の対象者は、ある企業の管理職候補者四〇名。彼らに報酬分配者の役割をとってもらい、仮想の二人の部下（ひとりは高い業績を上げ、他のひとりは業績が非常に低い）に対して、どのような定期昇給率を与えるかを回答してもらった。

実は、実験のトリックとして、被験者の半数には、「あなたの部下の昇給率を決定する際、部下相互の和を高め、職場の雰囲気をなごやかにすること」を特に考慮して分配するよう経営者から指示が出ている。残りの半数には「部下の作業意欲を向上させ、職場の業績を高めよ」との指示が出ている。前者を職場の和向上条件、後者を業績向上条件と呼ぶことにする。

被験者は、昇給率をまず単独で決定し、その後で四人ずつでひとつのグループを作り、そこでの話し合いをもとに集団で決定した。

和と職場のなごやかさ向上を指示された被験者は、高業績者に八・三〇%、低業績者に六・三三%を与えた。他方、仕事のヤル気と業績向上を狙うよう指示された被験者は、高および低業績者それぞれに、九・一七%、六・二五%を与えた。

この結果は、分配者が和の向上を強く意識したら均等分配、業績向上を意識したら貢献度相応分配を、それぞれ選択する傾向にあることを裏づけるものである。

次に、**集団決定**による昇給率決定は単独決定の時と比べ、和向上条件では高・低業績者間の差が縮まり、より均等分配の方向へ動いた。逆に、業績向上条件では両者の格差は一段と広がり、より貢献度相応分配の方向へ動いた。つまり、集団で決めると、経営者の指示をより忠実に実現する形で分配がなされるのである。

ところで日本人の意識や行動と欧米人とを比較して、日本人は強い**集団志向性**を持っている。このため、個性をむき出しにすることは極力抑制され、人は出すぎることを避け、周囲の人たちと仲良くすることに腐心し、そして、周りと食い違いを生じさせぬように気を配る。

例えば、自分の貢献度が誰の目にも抜群であったとしても、いきなり同僚以上の処遇を受け、自分だけが突出しようとはしない。むしろ同僚と同等の処遇に甘んじ、利他的に振舞う。そうすることで周囲から、「彼は仕事だけじゃなく、人物もなかなか出来ている」と評価され出す。そして金銭的報酬とは別種の、尊敬や信頼などの**精神的報酬**が集まる。

こうして作られる**人望**を少しずつ貯めておけば、いつの日か何かに抜てきされたとしても、皆の反目に会うことはない。皆から推される形となるからである。

第3章 現代人の自己心理

高田利武

31 鏡の中の〈私〉

乳幼児の自己概念

自分は自分であって、他の人ではない。食事をする暇がないので、誰かに代わって食べてもらう、などできないのは当然である。また、私たちは誰でも、その「自分」を知っている。自分は背が高いか低いか、どんな顔をしているか、気が強いほうか弱いほうか、これらが自分で分からないという人はまずいないだろう。自分で自分自身に対してもつ、このような認識内容を、一般に**自己概念**と呼ぶ。

しかし、これは正常な大人の場合の話である。発達初期の乳児は、自分の体と自分の周囲のものとの区別がつかない、自分とお母さんとは別の人間だということにも気付いていない、といわれている。そのような状態では、自己概念などは問題になるまい。いったいいつ頃から、「自分」に気付き、「自分」という観念が生まれてくるのだろうか。

生まれて間もない乳児に、「自分の存在を感じているか」「自分をどう思うか」などと聞いてみても無意味である。そこで、問題を解明するためのテクニックの一つとして考え出されたのが、鏡に映った自分の姿を乳幼児に観察させる、という方法である。

「自分」が分かっていれば、自分の鏡映像を他の子どもと誤認することなどなく、それを自分であると認めるであろう。更に具体的にいうと、鼻の頭に口紅で赤い印をつけて、子どもを鏡に向わせたとする。その時、鏡映像を見て自分自身の鼻に触ったとしたら、その子は鏡に映っているのが自分だと分かっている、といえるであろう。

そのような方法を用いた研究の一つ、ルイス

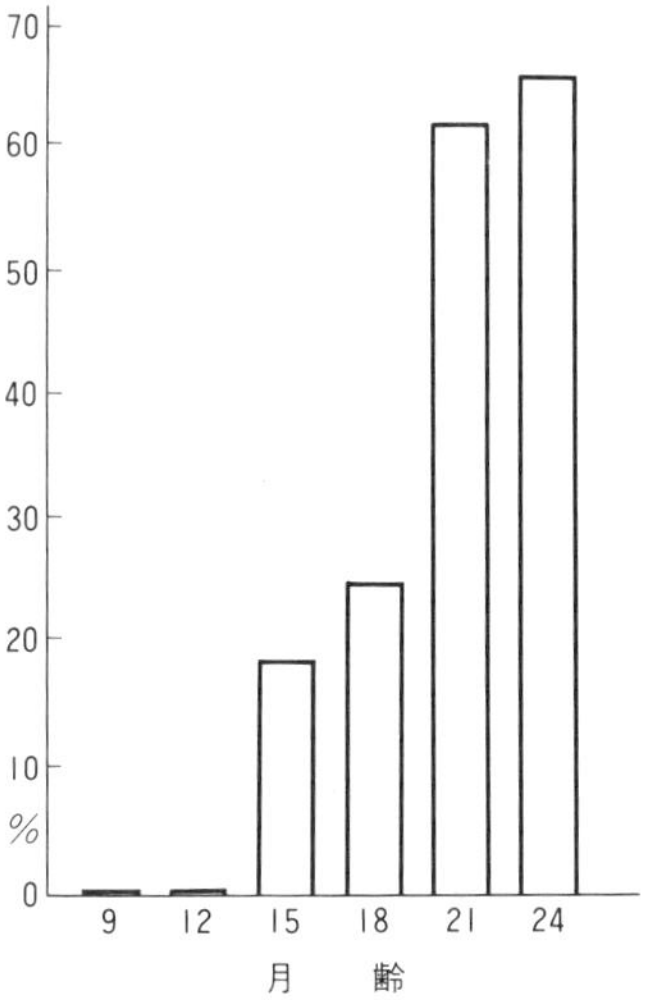

図　子供が鼻に触れる行為の発生率の月齢比較

（Lewis ら，1979 より）

とブルックス-ガンの実験で、彼らは、生後九ヵ月から二四ヵ月までの、六つの年齢グループの子どもたちを比較している。

各年齢グループの子どものうち、鼻に印をつけないのに鼻に触った子がいたパーセントと、鼻に印をつけた時に鼻に触った子のいたパーセントとの差を示したのが図の縦軸である。この差が大きいほど、単なる偶然ではなく、自分の鼻の印に気付いたが故に、鼻に触る行動が増えたことを示すといえる。これから明らかなように、鏡映像を自分だと気付く子どもは、一五ヵ月から一八ヵ月にかけての年齢で急に増え、二四ヵ月の段階ではかなりの子が「自分」に気付いていることが分かる。

このようにして得られた結果は、乳幼児の単なる視覚的な自己認知を示すにすぎないともいえようが、これがその後の自己概念の発達の基礎となることもまた確実であろう。

32

自分自身の客観化

自己概念の発達

私たちが、自分自身を対象視してもつ認知の内容が自己概念である。

当然、自己概念は極めて広い範囲に及ぶ。容貌や体格のような外的な面も含めば、性格や能力のような内的な面も含まれる。

乳児も生後一五ヵ月から一八ヵ月になると、鏡に映った自分の姿を、自分だと認めることができるようになる。

すなわち、自己概念の芽生えはこの時期の視覚的な自己認知から始まるといえるが、その後の精神発達の過程で、それはどのように広がってゆくのであろうか。

自己概念の**二〇答法**というものがある。

これは、「私は誰だろう」(Who am I ?)という質問を、調査対象者に連続して二〇回示し、思いついたことを何でも自由に書いてもらう、というものである。

書かれた内容を分析することによって、その人が自分自身に対してどのような像を抱いているかを、すなわち、その人の自己概念をある程度うかがうことができる。

直接には観察したり測定することのできない、ある人の自己概念を把握するための方法の一つである。

モンテマイヤーとアイゼンは、この方法を用いて、一〇歳から一八歳までのアメリカの青少年の自己概念の内容が、どのように変化してゆくかを調べている。

表は、回答をいくつかのカテゴリーに分類し、それぞれのカテゴリーに属する反応の現われた割合を示したものである。

年齢とともに、名前・居住地・所有物・身体

表　20答法にみられる自己概念の内容（%）

カテゴリー	年齢 10	12	14	16	18
名前	50	10	8	11	31
職業的役割	4	12	29	28	44
居住地	48	16	21	13	11
イデオロギー・信条	4	14	24	24	39
味覚・好み	69	65	80	45	31
所有物	53	22	24	14	8
身体	87	57	46	49	16
自己決定感	5	8	26	45	49
対人関係の様式	42	76	91	86	93
精神的特徴	27	42	65	81	72

(Montemayor ら，1977 より)

像などの回答は減り、イデオロギー・信念・対人関係の様式・精神的特徴などが増えている。

児童期から青年期に入るにつれて、外面的・客観的なものから内面的・主観的なものへと、自己概念の重点が移ってゆくことが分かるであろう。

このように青年期は自己概念の内容が豊かになり、多角的・内面的・抽象的なものへと変わってゆく。

青年期は、まさしく「自己」の芽生える時といえる。

青年期に入ると始まる、急激な身体・性的な発育、抽象的思考能力の発達、社会的対人関係の拡大、などがこれらの変化の原因として一般にあげられている。

33 青年の自尊心を決めているもの

大学生の自己概念

青年は自分自身をどのように見ているのだろう。子どもよりも複雑で抽象的な見かたをしているのは確実であろう。つまり、青年期の自己概念の内容は、幼児・児童期よりも広範囲にわたるようになるといえる。

我が国の青年の自己概念について、山本らは、東京都内の大学生の調査を行っている。調査は、外見や性格・能力などいろいろな面にわたって、個人の特徴を述べた短文七八項目を示し、それぞれの文章がどの程度自分にあてはまると思うかを質問するものである。その回答を、因子分析という統計的手法を使って解析した結果、大学生の自己概念を構成するものとして、表に示す一一の側面が浮かびあがってきた。これらには、「容貌」「経済力」「学校の評判」など、外見や本人の社会的背景に関する側面、「社交」「スポーツ能力」「知性」「性」「趣味や特技」など、さまざまな面での能力に関する側面、「優しさ」「生き方」「まじめさ」など、性格や生き方のような内面にかかわる側面、などが含まれており、大学生が多方面から自分自身をとらえていることが分かる。

更に、これら一一の側面のうちのいくつか（表で＊印のついているもの）は、彼らの**自尊の感情**、つまり、自分自身を全体にどれくらい高く好意的に評価しているか、と強く結びついているのである。たとえば、自分の容貌は優れていると感じている人は、自分全体に対する評価も高いが、劣っていると思っている人の自尊の感情は低い。それに対して、自分のスポーツ能力をどう感じているかは、自分全体の価値評価にほとんど影響していないのである。

男女に共通して、大学生の自尊感情にとって中心的な役割を果している、自己概念の重要な側面は、「優しさ」「容貌」「生き方」「趣味や特技」である。現代青年の気質の一端がかいま見える。一方、「社交」「知性」「まじめさ」は男子にとってのみ重要であるが、本人をとり囲む社会的背景を示す「経済力」は女子にだけ重要である。また、表には直接現われていないが、「優しさ」の重要度も、男子よりも女子にとって特に高いことも分かっている。これは、伝統的な性役割観、つまり、男らしさ・女らしさの考え方を反映したものであると言えるであろう。

表 大学生の自己概念の構造

自己概念の側面	内容	自尊感情に対する重要性 男	女
1 社交	社交能力に自信 交際範囲が広い 異性と気楽に話せる 異性の誘い方がうまい	*	
2 スポーツ能力	体力に自信 運動神経が発達 スポーツマンにみえる 得意なスポーツがある		
3 知性	知的能力に自信 物事を知っている 頭の回転が速い	*	
4 優しさ	思いやりがある 人に対して寛大 おおらかである	*	*
5 性	性的テクニックに自信 性的能力に自信 性経験が豊富		
6 容貌	目鼻立ちがよい 外見に自信 顔が気に入っている	*	*
7 生き方	生き方に自信 個性的な生き方 自分に自信	*	*
8 経済力	自由な金が多い 家庭が裕福 経済面に自信		*
9 趣味や特技	趣味に自信 特技がある 熱中する趣味がある	*	*
10 まじめさ	きちょうめんである 自分に厳しい 責任感がある	*	
11 学校の評判	評判のよい大学にいる 出身校が有名 社会的背景に自信		

（山本ら，1982 より）

34

自己を知るには他者を知る

「自己を知る」ためには、自分自身を見つめ、内省しなければならない。独り日記を書いたり、山に籠ったりするのは、そのために有効である……こんな考えをよく耳にする。確かにそれも一面の真理であろう。だが、周囲の人びととの接触を一切断った、社会的真空とでもいうべき状況の中で、本当に「自己を知る」ことができるだろうか。自己概念には、人間が社会生活を送ってゆく中で、他者とのやりとりを重ねるうちに形成される面があることを、古くからクーリーやミードなどの社会学者が指摘している。たとえば、他者の眼には自分がどう映っているかを想像することによって、自己概念が明らかになる、というのがクーリーの説の骨子である。

周囲の他者との社会的相互作用を通じて自己概念が形成される過程を、社会心理学の観点から論じているものの一つに、フェスティンガーの唱える**社会的比較過程説**がある。

❀ 社会的比較過程理論 ❀

彼はこう考える。自己概念を明らかにするのに役立つ客観的・物理的な手段があれば、人びとはそれを用いて自己の状態や能力を評価する。たとえば、身長計を使えば「自分の身長は一六五cmである」ことが分かる。ところが、こういうことは常に可能だとは限らない。つまり、「自分は気が強い」「卓球が上手だ」という場合、その絶対的基準があるわけではない。自分と他者を比較して、初めてそう評価しうると言える。このように、物理的・客観的手段がなかったり、あっても使うのが難しい時に、自己評価のために自分と他者とを比較する過程が、社会的比較の過程である。

自分の身体の物理的側面、たとえば、背の高

さ・顔の形なども、もちろん自己概念の大切な基礎的部分である。しかし、正常な大人の自己概念にとって、それ以上に重要なのは、そういう物理的事実のもつ意味や、能力・性格のような内面的側面である。そして、それらの側面には本来、他者との比較によってしか自己評価ができないものが多い。したがって、自己概念のかなりの部分は社会的比較によって形成されると言えるであろう。

なぜ他者との比較を行うのだろうか。人間には自己評価の欲求があるからだ、とフェスティンガーは仮定している。それは、自分や自分をとりまく状況を明らかにしようとする欲求であり、食欲などと同じように、人間にとって基本的な欲求である、と彼はいう。確かに、自分を見失い、自分で自分が分からない状態は、不安や苦痛に満ちた不安定な状態で、不適応をもたらすことも稀ではない。この指摘はそれなりにうなずける。

35

他人に影響されやすい人

社会的比較による自己概念の形成

自分を自分でどう思うかは、かなりの程度、自分の周囲にいる他の人の状態によって影響されると考えられる。

すなわち、自己概念は**社会的比較**の過程を通じて形成される部分が多い。

しかし、私たちは常に他人に影響されるわけでもない。特に影響されやすい状況や、影響されやすい人があると思われるが、いま後者に着目すると、自己概念が不安定な人ほど、周囲の他者に左右される割合が高いと言えるだろう。

このことを実験によって示したものとして、モースとガーゲンの研究がある。

被験者は男子大学生であるが、安定した自己概念をもっている者と、不安定な者とがある。

まず、人間の性格をあらわした言葉を用意し、自分にあてはまると思うものをいくつか選んでもらう。

次に、その選んだいくつかの性格が互いにどれくらい両立可能であるかを判断してもらう。自分は互いに矛盾する性格をもっている、と判断した者が自己概念の不安定な者、そうではない者が自己概念の安定した者と考え、あらかじめ区分しておくのである。

彼らは一人で実験室にやってくると、自分自身を評価する質問用紙に回答することを求められる。半分くらい答え終わったところへ、もう一人の被験者（実は被験者を装ったサクラなのであるが）が遅れてやってきて、回答を始める。実験条件によりサクラは二通りの演技を行う。

ひとつは「高潔氏」である。彼は、きちんとした服装、てきぱきした行動、携帯した難しそうな本などで、いかにも優秀な人物という風に

演技する。

もうひとつは「下劣氏」で、すべてが「高潔氏」の逆であり、被験者に自分よりも劣っているという印象を与える。

被験者はこのいずれかのサクラと同席して、自己評価の質問用紙の後半に答えることになるわけである。

同席したサクラと自分自身を比較することによって、被験者の自己概念は影響を受けると考えられる。つまり、質問用紙の前半への回答と、後半の回答とでは、自分自身に対する評価が変わってくるはずである。

「高潔氏」と比較すれば自己評価は低下し、「下劣氏」と比較すれば上昇する、といえよう。さらに、その程度は、被験者の自己概念がそもそも不安定な場合、いっそう甚だしいと予想される。

実験の結果は、実際その通りのものであったのである。

36 美人は不安

他者との一致と自己概念の安定

他者、特に自分とは違った人と比較し対比することによって、自分自身の位置や姿が明らかになる。

しかし、他者と対比するにしても、もし自分だけが他の多くの人とは違っているとしたらどうだろう。

おそらく、自分のあり方はこれでいいのだろうか、という疑問にとらわれ、自己概念はかえって不安定になってしまうであろう。

逆に、自分のもっている特性を、多くの他者もまたもっていることが分かると、自分の状態についての自信は増し、自分はその特性の持ち主であるという自己評価の主観的妥当性は高まるであろう。

このような考え方にもとづき、社会的比較説の創始者フェスティンガーは、自己と他者が一致することによって得られる、自己評価の確かさについての主観的確信を、**社会的リアリティ**、と呼んでいる。

すなわち、自分と他者とを比較したとき、自分の状態と一致する他者が多いほど、自分のあり方に対する社会的リアリティは高まり、自己概念は安定すると考えられよう。

次に述べるムーサとローチによる調査報告は、このことを裏づけているといえる。

調査対象は米国中西部の高校生である。

調査項目のうち、ここで重要なのは、自分の容姿に関する自己評価と、日常生活での適応の程度、たとえば、自己を信頼し尊重しているか、仲間とうまくやっているか、神経質か、などの二つである。

外見・容姿の自己評価については、自分をク

ラス内の他の大多数の生徒より上とみているか、同等とみているか、下とみているかによって、生徒を三分割した。

適応の程度についても、上・中・下の三つの段階に分けて、容姿の自己評価と適応との関係を検討してみたのである。

女子生徒の場合には、自分の容姿は他者と同等であると自己評価している者に、適応の程度の高い者が多かった。

これは、恵まれた資質をもっていて、自分は大多数の者よりも優れていると自認している者や、自分だけが容姿が劣っていると感じている者よりも、自分と同じような者は他にもたくさんいると考えている者に、自己概念が安定し適応した生活を送っている者が多いことを示している。なお、容姿・外見が自己概念にとってそれほど重要な意味はもっていないと考えられる男子生徒には、このような関係は見出されていない。

37

比較の対象は同性、同年齢

❀ 社会的比較による自己概念の形成 ❀

他者と自分とを比較すると、自分の姿や位置が明らかになったり、自分と同じような状態にある他者が多いと、自己概念が安定することは、確かにあり得ることである。しかし、その「他者」は誰でもよいわけではないのは当然であろう。おとなが赤ちゃんと比較して知能指数が高いことがわかっても、自分の知能のレベルを高く位置づけるわけにもいかないし、大ていの男性の場合、自分の性格が女性に多くみられるものであることに気づけば、自己概念は安定するどころかむしろ脅かされる可能性のほうが高い。したがって、自己概念が形づくられる上で、自分の位置の問題にせよ、安定性の問題にせよ、年齢・性などさまざまな点で「類似した者」が、かなり重要な意味をもっていると考えても差しつかえなかろう。

そのような理由で、社会的比較過程説では、自己評価に及ぼす「類似した他者」の役割を重くみているが、自分と類似した他者が自己概念形成に影響を与えるのは、人間の一生の中でも青年期にとくに著しいことを、サルスとマレンは指摘している。青年の日頃の行動パターンからみても、この指摘はうなずけるが、なぜそのような傾向があらわれるのだろうか。青年期に向かう頃から、認知能力が急激に発達して、類似した者と比較してこそ自己評価にとって意味のある情報を得ることができる、ということが理解できるようになる。他方、中年を過ぎると、置かれた社会的立場のために、類似していない他者と比較せざるを得ない機会が増えるし、更に老人期に至れば、社会的接触の機会そのものも減るからである、と彼らは社会的比較説の立場から説明している。

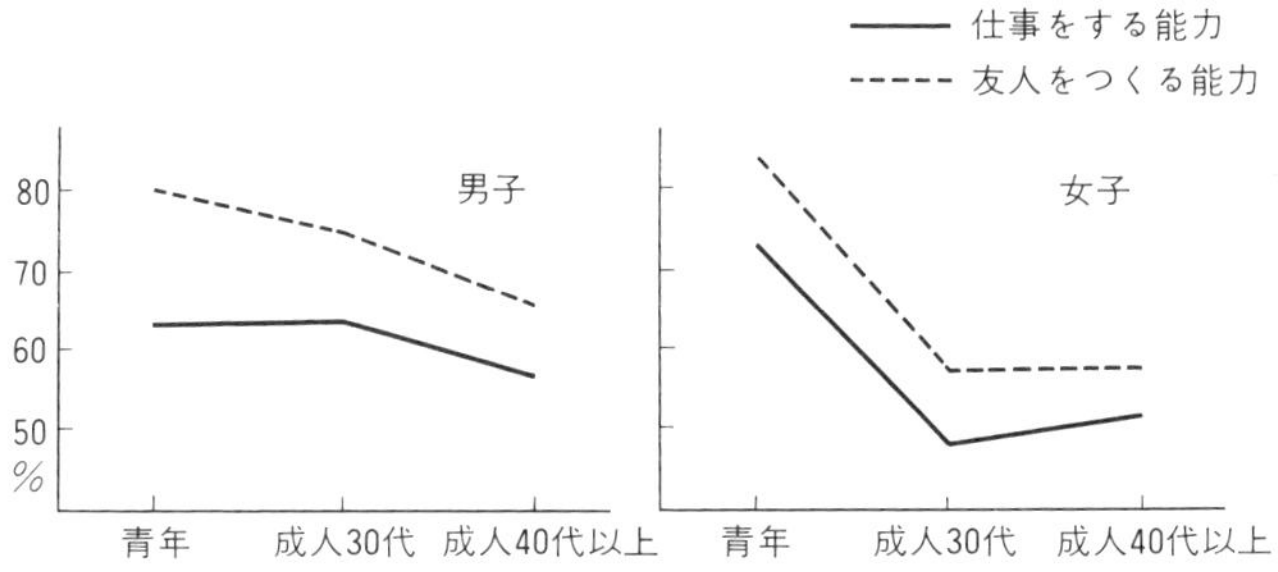

図　自分と同年齢との社会的比較の選択率

（高田，1985 より）

場から説明している。

高田は、この考え方にもとづき、自分のもっている能力を自己評価するとき、誰を基準にして比較を行っているかを、サルスらの考案した質問紙を用いて、青年（大学生）と成人の場合を調査している。これは、まずいくつかの面で自分の能力がどれくらいのものであるかを自己評価し、次に、誰を基準としてその自己評価を行ったかを聞くものである。図はその結果であるが、実線は「金の出入りをきちんとする」など正確な仕事をする力、破線は「友達をつくる」など社会的活動力について、「自分と同年齢の人」を基準として自分の能力を評価した、と答えた人の割合を示したものである。この調査は、自己概念のごく一部について、青年と成人だけを比べた予備的なものに過ぎないが、サルスらの仮説どおり、自分と年齢の点で類似した者と比較して自己評価を行う傾向が、青年期に多いことを明らかに示唆している。

38 ネクラな青年期

青年期の自己開示

社会生活が円滑に営まれるためには、われわれ一人ひとりが互いに理解し合い、それぞれの考え方や人がらを、相互に充分伝える必要があるであろう。

そのため私たちは、他の人のことを知りたいと思うと同時に、自分を人に知ってもらいたい、あるいは、知ってもらう必要がある、と感じることがある。

そこで、自分で自分のことをどう思っているにせよ、いろいろと自分に関する事がらを相手にしゃべることもあるわけであるが、このように、個人的情報を他人に伝えることを、**自己開示**という。

ある人がどの程度他人に対して自己開示するかは、その人の性・年齢・性格や、他者との関係、更にはその人の住む社会・文化など、さまざまな条件によって異なることは、容易に想像できるし、そのことを実証しているデータも数多い。

この方面の研究の開拓者であるジャラードによれば、自己開示能力の高い人は精神的に健康な人であるという。

ここでは一例として、青年期にある人びとの自己開示についてとりあげてみる。自己概念の変革期にある彼らは、他人、とりわけ親をはじめとする大人に対して、自己開示をせず閉鎖的になりがちであり、そのことが青年と大人との葛藤の原因の一つになっていると考えられるからである。

久世・陰山は、大学生を対象にして、友人関係、身体や性格、学園生活、就職や進学、など生活のいろいろな領域で困難に出合った場合

に、両親、友人、先生などさまざまな他者に対して、青年がどのくらい自己開示を行うかを調査している。
自己開示の調べ方は、たとえば、「異性との交際に不安があるとき」その問題を「母親」にどの程度うちあけると思うかなど、それぞれの領域でそれぞれの他者に悩みをもらす程度を予想してもらうものである。
その結果、
(1) 困難に直面した場合でも、自己開示の程度は一般に低い、
(2) 女子よりも男子のほうが自己開示をしない、
(3) 自己開示が最も行われる相手は親友である、
(4) 女子の場合は、母親に対しても比較的自己開示する、
(5) 父親や先生への自己開示はほとんど行われない
など、青年期の自己開示の一つの傾向が明らかにされている。

39

謙遜するほど尊敬される

日本人児童の自己呈示

日常の生活を送ってゆくなかで、その動機はさまざまであれ、自分の姿を相手によく知ってもらいたいと思うことがある。その際、自分で感じた自分のありのままの姿を、他人に伝えることを**自己開示**という。

それに対して、相手から好意を得るなど自分に都合のよい結果を引きだすために、自分の姿をいろいろと修飾して相手に伝えることを、**自己呈示**という。自己呈示は、必ずしも言葉によって、また意識的にではなく、表情や身ぶりを通して、あるいは無意識的に行われる場合もあるが、いずれにせよ、社会生活上の一つのテクニックといえる。その意味で、これはいわば一種の演技でもあり、これこそがわれわれの社会生活の中核をなすものである、とみなす社会学者さえある。

謙遜し自己卑下的にふるまうことによって、相手の歓心を買い、受け入れられようとするのは、日本人のよく用いる自己呈示の方略の一つであろう。そうした方が、自分を能力があり優れた者として呈示するよりも、相手によい印象を与えるだろう、という期待があればこそ、自己卑下的な自己呈示がなされるわけである。このような期待は、大人が望ましいとするものを子どもが身につけてゆく過程で、学習されるものであると考えられるが、いつ頃からその傾向が現われてくるのであろうか。

仲間の児童の前で運動能力をほめられたとき、それを当然のこととして自慢する**自己高揚的呈示**の子供と、謙遜する**自己卑下的呈示**の子供とでは、どちらの方がクラスの皆から好意的評価を受けると予想するかを、吉田らは小学校

二・三・五年生を対象に調査している。その子の能力を問題とした場合、二年生は、自分を誇示する子は実際に力があると皆から受け取られる、と単純に思っているのが、三年生を境に逆転し、五年生では、謙遜する子の方が本当は能力があると評価されるだろう、と予想している。一方、その子の性格がどうとられるかについてみると、二年生の段階で既に、自己卑下的な呈示を行う子のほうが皆からよい子であると思われると考えており、その傾向は学年を増すにつれて大きくなっている。

吉田らは更に、児童たちが実際に自己呈示を行うときも、自己卑下的になる傾向があることを報告している。

この結果が示すように、わが国の児童はかなり早期のうちから、自分の姿を控え目に呈示した方が、相手によい印象を与えるだろう、という期待を学習しており、また実際にも控え目の自己呈示を行っているといえよう。

40 自尊心と社会的適応度

❀ 青年の自尊の感情 ❀

青年期に入るころから、われわれは様々な角度から自分自身を捉えるようになる。確かに、私たちの自己概念は広範囲にわたって構成されている。その種々の側面をもつ自己概念に、なにか中心となるようなものはないだろうか。**自尊の感情**、つまり、自分で自分をどれぐらい価値あるものと認めているか、はそのような中核的自己概念の一つであると考えられる。

ジャニスとフィールドは、自尊の感情を測定するための質問用紙を作成しているが、井上らは、その日本版を用いて、男子大学生の自尊感情を測定している。これは、例えば「あなたは、自分が価値ある人間であると感じていますか」など二三の項目に回答を求めるものである。その結果、自尊の感情は、

(1) 他者からの評価を気にする程度
(2) 自己に価値を感じている程度
(3) 社会的場面における不安の程度
(4) 劣等感の程度

という四つの因子から構成されていることを見出している。つまり、自尊の感情の低い者は、自分に価値を感じることが少ないのは勿論であるが、同時に、他人の評価を気にしやすく、人まえでの不安が高く、他人よりも劣っているという感情も大きい、ということである。社会生活の中で、他者とのやりとりを通じて自己概念が形成される面は多い。自尊の感情もまた、他者からの評価や他者との比較にもとづいて社会的に作りだされてゆくことを、この結果は示している。ジャニスとフィールドが、自分に価値を認め自尊感情が高いということは、自分が社会的によく適応しているという感情をもってい

ることである、と述べているのもうなづける。

井上は、質問用紙で測定かれた自尊の感情が高い大学生と低い大学生の違いを調べている。例えば、自尊の感情が高い人は、低い人に比べて、精神的に健康である可能性が、ロールシャッハ検査の反応から示唆されている。ただし、極端に自尊感情が高い者は、他者から見られている自分、つまり他者のまなざしを絶えず意識し、そのため自分をよくみせたいという願望が強いなどの問題点もあるという。

また、将来教師になることを目ざしている教員養成学部の学生が、自分にどれくらい教師としての適性があると感じているか、を調査したところ、自尊感情の高い学生には、自分の選んだ職業に自信をもって積極的に取り組んでゆこうとする姿勢がうかがわれた。日常生活の様々な面で、自尊の感情の高低がおおいに影響していることがわかるであろう。

41

知りたくない現実の自分の姿

客体的自己覚知識

自分を見る他者のまなざしを意識すると、とたんにあがってしまって、言葉や動作がぎこちなくなるのという経験も多い。みられる自分を意識するということは、それだけ自分で自分に対して注意を集中している状態であるといえる。そのような状況は、たいへん落ちつかず心地悪いものであるが、それはなぜなのか、また、その結果としてわれわれの行動にどのような影響が現われるか、について考察を加えたのがデュバルとウィックランドの唱える**客体的自己覚知説**である。

鏡に映った自分の姿を見たり、テープに録音された自分の声を聞いたり、他者が自分を見ているのに気づいたりすると、自分自身に注意が向いて、自己を客体として捉えがちになる。それが客体的自己覚知の状態である。彼らによると、そのように自分で自分の姿を観察するうちに、自ら望ましく思う状態にはとても及ばない現実の自分の姿に気づかざるを得ず、心理的に不快になる。さらに、この**理想の自己像**と、**現実の自己像**とのずれから生じた不快感を、解消するための行動が導かれる、という。つまり、客体的自己覚知の状態は、動機づけの機能をもっていることになる。その動機は、

(1) 客体的自己覚知の状態を避けようとする動機、

(2) 自分を理想の状態に近づけ、ずれを小さくしようとする動機、

の二つである。

客体的自己覚知説を実証している研究の一つに、アイケスらによる実験がある。女子大学生を対象にして、録音された自分の声を聞きなが

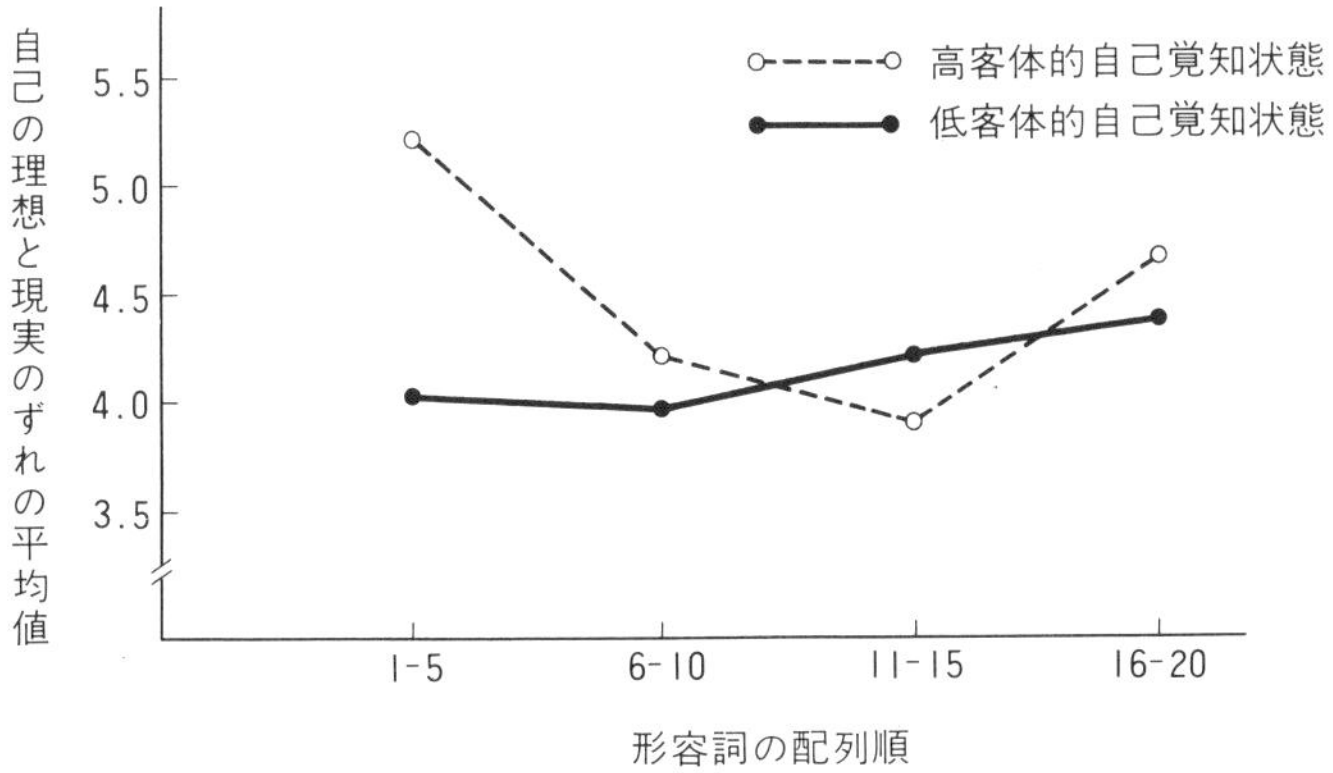

図　客体的自己覚知状態と自己評価の相違　(Ickes ら, 1973 より)

ら(高い客体的自己覚知の状態)、あるいは他人の声を聞きながら(低い客体的自己覚知の状態)、理想の自分と現実の自分を、それぞれ二〇個の形容詞を使って自己評価してもらう。図は、理想と現実の評価の差を、二〇の形容詞の呈示順に四つのグループに分けて示したものである。

客体的自己覚知が高められた場合をみると、最初から五番目までに呈示された形容詞に関しては、理想と現実の差が大きくなっており、しかもそれは、現実の自己評価が低下したことによって、もたらされている。

一方、六番目から後に示された形容詞では、そのような傾向が消失している。これは、客体的自己覚知の状態を避けようとする動機によって、自分の声から注意をそらせていったためである、と考えることもできよう。客体的自己覚知が低い状態では、このようなことはなく、現実自己の評価も、理想と現実の差も、ほぼ一定である。

42

日本人の対人恐怖症

対人恐怖症には、人まえで顔が赤くなるのを恐れる赤面恐怖、自分の眼つきが悪いので相手に不快感を与えていると感じる正視恐怖、自分の体からいやな臭いが出ているため他人が自分を避けると訴える自己臭恐怖など、さまざまな型がある。

いずれにせよ、わが国では青年期を中心に多くみられる一方、欧米ではあまり見あたらないといわれている。

これらの症状は、対人恐怖に悩む者が、他人と対する状況で必要以上に気がねし、こだわりを持つことを意味しているが、その「気がね」「こだわり」の内容は具体的にはどのようなものであろうか。

小川らは、対人恐怖症の患者が訴える対人関係上の悩みを分析して、それには次の八つの側面が含まれていることを示している。すなわち、

①大勢の人に圧倒される、
②自分に満足できない、
③気分が動揺する、
④うまく人とつきあえない、
⑤気分がすぐれない、
⑥自分や他人が気になる、
⑦内気である、
⑧目が気になる、

という悩みである。

更に小川らは、①わが国の対人恐怖症患者、②わが国の一般大学生、③在日アメリカ人留学生、④アメリカ人大学生、の四グループが、日常生活でこれらの悩みをどのくらい感じているかを調べている。

その結果が図であるが、アメリカ人は対人恐

対人恐怖の日米比較

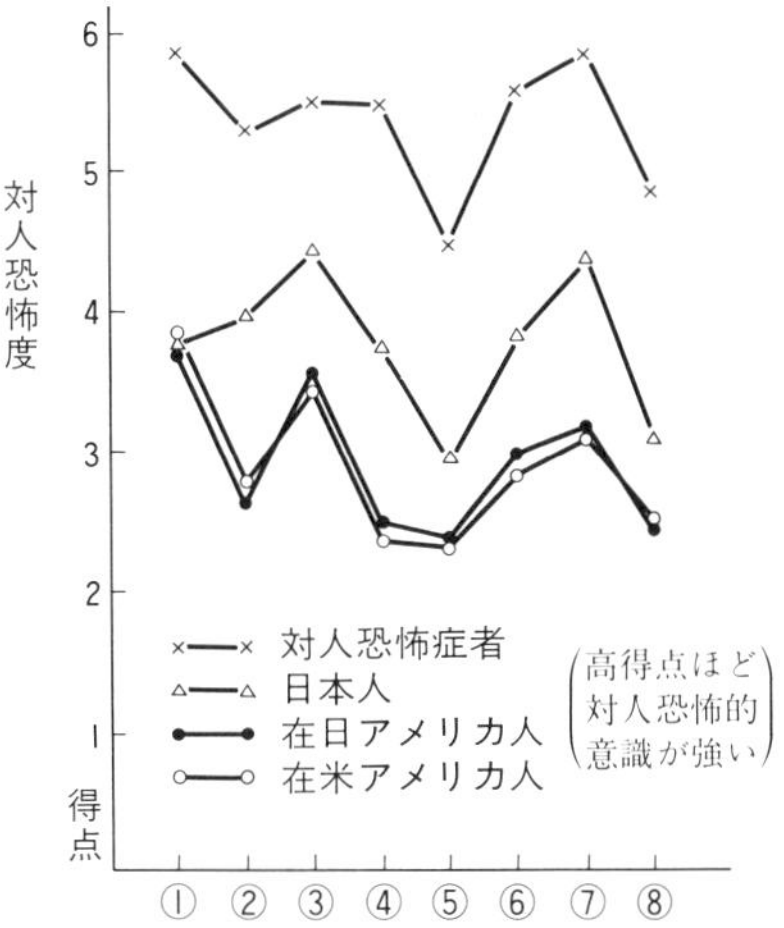

図　対人恐怖の 8 側面
（小川，1979 より）

怖的な悩みをあまりもっていないのに、われわれ日本人には、健康な一般大学生であっても、対人恐怖症患者と類似した意識があることがわかる。

私たちにとって、対人恐怖に悩む人のもつ意識はなじみ深く、日本人はそれだけ対人場面において気づかいやこだわりをもちやすい、といえるであろう。

自分で自分に対してもつ認識内容、すなわち自己概念は、自分の周囲の他者によってかたち作られる面がある。

それにしても、アメリカ人に比べて日本人が対人恐怖的な対人意識をもち、周囲の他者に敏感であるということは、日本人の自己意識のあり方が、いわゆる「甘え」の精神構造に端的に示されるように、それだけ他者規定的な色彩が強いことを示しているといえよう。

43

大学生のモラトリアム度

現代大学生の自我同一性地位

「**自我同一性**」の考え方は、われわれ人間、とくに青年のさまざまな側面について、深い洞察を与えてくれる。精神分析学者エリクソンのいう「エゴ・アイデンティティ」の邦訳が「自我同一性」であり、通常それは「〝自分とは何か〟という問いに対する答え」であると理解されている。しかし、「エゴ・アイデンティティ」に対しては「主体性」「真の自分」「自己定義」「存在証明」などいろいろな訳語も同時に使われている。このことは、「エゴ・アイデンティティ」という概念が、深い含みをもった単純にはとらえがたいものであることを意味している。

その点で、マーシャの説は、そのような深みに欠けるという批判もないわけではないが、明快である。彼は、「危機」と「傾倒」が自我同一性のあり様を決定する、と考える。「危機」とは、職業や価値観などについて、いくつかの可能性のうちから一つを選ぼうとして深刻に悩むことであり、「傾倒」とは、選んだものに自分自身を積極的にかかわらせ、信念を明確にしてそれにもとづいて行動することである。この「危機」と「傾倒」を体験しているか否かによって、その人の自我同一性の達成状況、つまり「自分とは何か」との問いに真に答えている程度が決まってくる、というのである。マーシャはこれを**自我同一性地位**と呼び、表に示した四つの段階を考えることができる、としている。

どのようにすれば、ある人の自我同一性の達成状況を具体的に知ることができるだろうか。詳細な個人面接を行うことによって、自我同一性地位を測定する方法を、マーシャは併せて考案している。これはそれなりに信頼しうる興味

表　自我同一性地位

自我同一性地位	危機	傾倒	概　　略
同一性達成	経験した	している	幼児期からの在り方について確信がなくなりいくつかの可能性について本気で考えた末，自分自身の解決に達して，それに基づいて行動している．
モラトリアム	その最中	しようとしている	いくつかの選択肢について迷っているところで，その不確かさを克服しようと一生懸命努力している．
早期完了	経験していない	している	自分の目標と親の目標の間に不協和がない．どんな体験も，幼児期以来の信念を補強するだけになっている．硬さ（融通のきかなさ）が特徴的．
同一性拡散	経験していない	していない	危機前：今まで本当に何者かであった経験がないので，何者かである自分を想像すること不可能．
	経験した	していない	危機後：全てのことが可能だし可能なままにしておかれなければならない．

ある方法ではあるが、いささか時間と労力を要するという欠点がある。そこで、質問紙法を用いて自我同一性地位を測定しようとする試みもいくつか報告されているが、その一例として、我が国において大学生を対象として行われた加藤による研究がある。それによれば、マーシャの提唱した「同一性達成」「モラトリアム」「早期完了」「同一性拡散」の四地位に加えて、それらの中間的地位も測定されているが、現代大学生の圧倒的多数は「モラトリアムと同一性拡散の中間地位」に属していた。「モラトリアム人間の時代」を反映した結果といえよう。

第4章
好きと嫌いの心理

齊藤　勇

44

美人は性格も美しい

身体的魅力の偏見

人はみかけによらぬものといったことわざは多い。これらはたいてい外見の美しさやカッコよさにだまされるなという忠告めいた処生訓である。きれいなバラにはトゲがある。美しい花にはよい実はならぬなどはその意味がよりはっきりとしている。

しかしこのようなことわざが多くあればあるほど、私達は人をみかけや外見によって判断しているのではないかと思えてくる。

テレビの普及はこの傾向に拍車にかけたように思われる。歌のうまくない歌手が、可愛いらしさで、もてはやされ、未熟な野球選手がマスクの甘さで人気を集めている。

アメリカの女性心理学者ダイオンらは人は容姿の美しい人をどのような特性や性格をもっている人とみているかという調査を行っている。

ダイオンらは容姿の魅力的な美男美女の写真とごく普通の男女の写真、それにみかけがどうみても美しくない男女の写真を用意した。

これらの写真を何人もの人にみせて、写真の人の性格や社会的に成功するかどうか、良い結婚ができるかどうかなどを評定させた。

その結果、人はみかけによらぬものといわれているにもかかわらず、人はみかけによって、その人の性格や能力を判断していることがはっきりと示されている。

美しく**身体的魅力**がある美男美女は、性格的にも感受性が高く、やさしく、しかも楽しく、落ち着きもあり、強壮で謙虚であり、また社交的でもあるというように一般的に世間で望ましいとされている性格を持っているとされた。また各分野で成功するであろうし、結婚もうまく

表　容姿の美醜と人の評価

	容姿の美しい人	普通	美しくない人
社会的に望ましい性格	65.40	62.40	56.30
職業上の地位	2.25	2.02	1.70
配偶者としての能力	1.70	0.71	0.37
親としての能力	3.54	4.55	3.91
社会的あるいは職業的幸福	6.37	6.34	5.28
総合的な幸福	11.60	11.60	8.83
結婚の可能性	2.17	1.82	1.52

（点数の高いほど高い評価を示す）

(Dion ら，1972 より)

いくであろうとされている。

それに比べて容姿の点で劣る人は、性格の点、職業での成功や結婚の成功などほとんどすべての点で劣るとされている。容姿の劣っていることによって、内面的なものも社会的なものもほとんど全て劣っているとされてしまっているのである。

容姿の劣っている人にとってはなんとも不愉快で不公平な話である。というのは容姿は化粧等によりかなり変わりはするが、それでも先天的遺伝的部分が多く当人の努力に関係のない部分が多い。それにどう考えても容姿と性格や能力とが直接結びついているとは思われない。

人の性格や能力を外見から先入観的に決めてしまうのは一種の偏見といえよう。

最近のアメリカの社会心理学での魅力の研究は身体的魅力と好悪の関係というような客観的調査からこのような**容姿偏見**にどのように対処していくかという問題提起をしている。

45 会えば会うほど好きになる

単なる接触の効果仮説

去る人は日々に疎しという。その逆に近くの人は日に日に親しくなる。近くに住んでいれば会う機会も多く、何回も会えば親しみを覚えてくる。

ところで何回も会って親しみを覚えるとその人を好きになるものだろうか。

社会学者のホーマンズは、人が互いに好きになるとして**相互作用**をすればするほどお互いに好きになるとしている。それは近くに住んでいたり、一緒に働いていたりするとお互いから容易に報酬を得ることができることによるという。報酬というのは現金をもらうというよりも、ちょっとした手伝いとか援助を受けたりほめられたり同意されたりなどという**社会的支持や是認**である。

ザイヤンスは報酬の交換などよりも、ただ単に何回も会うことが決め手だと考えて、単なる接触による好意の発生という仮説、**単なる接触の効果**と呼ばれている説を唱えている。それは何回も接触して親しくなれば、自動的に好意をもつようになるというのである。

ザイアンスらはこのことを証明するために偽装味覚実験を行った。六人の女子学生はビンに入った液体の味覚を評定する作業を行うことになるが、この作業をすることにより、互いに一面識もない六人が何回か顔を会わせることになる。しかし実験者からは顔を会わせてもしゃべったり、合図を送ったりしてはいけないとされている。この実験で、六人の各々は一緒の実験の女子学生のある人には一〇回会い、別の人には五回会い、またある人には一度も会わないという状況がつくられる。

実験が終った後、女子学生は一同に集められ

味覚調査の結果を調査用紙に記入することと、一緒に実験に参加した他の女子学生への好意度を記入することを求められた。

結果はザイヤンスが予想していたように、接触した回数によって好意度が高くなっていた。一〇回接触した人が一番好意をもたれ、一回あるいは一度も会わなかった人は好意を示されなかった。

このような実験から、ザイヤンスは単に接触するだけで、何回も顔を会わせているだけでその人に好意をもつようになるという傾向を明らかにした。

何度も同じことの操り返しの提示が効果があることは、私達はテレビのコマーシャルで体験ずみである。ただし、どんな場合でも操り返せばいいというものではない。最初嫌いなものは操り返されればされるほど、人ならば会えば会うほど嫌いになるということも実験によって明らかにされている。

46 ラブとライク

❀ 恋愛の測定法 ❀

恋は盲目、恋は闇といわれる。恋愛は科学ではあつかえないものとされてきた。

しかし最近、社会心理学はこの恋愛の感情を人に対する対人的態度の一つとしてとらえ、主要な研究のテーマとしている。

愛についての測定尺度をつくったのはルビンである。ルビンは愛について古今の哲学者や心理学者の諸説を分析し、愛しているということの基本要素を次の三つとした。

(1) **愛着としての愛**——これは愛する人と一緒にいたい、身体的に結ばれたい、独占したいという感情。これをエロス的な欲求という。

(2) **慈愛としての愛**——愛する人のためにすべてをささげ、つくしたいとする。これをアガペー的な愛という。

(3) **親密性の愛**——二人の間を密接に結びつける信頼された相互コミュニケーションを基本とする。これを親密性の愛という。

ルビンはこのような愛の三要素をもとに、次のような**愛の尺度**をつくっている。○○に思い浮かぶ人の名前を入れて恋愛度を考えてみるのも一考である。

(1) すべてのことについて私は○○を信頼できる。

(2) ○○のためなら何でもするつもりである。

(3) ○○と一緒にいられないのなら私は非常に不幸である。

(4) 寂しいと思ったときまっさきに浮ぶのは○○のことである。

(5) 私の最も大事なことは○○が幸せになる

ということである。

(6) 私は○○を幸福にしなければならない。

(7) ○○に心を打ち明けてもらうととてもうれしいと思う。

(8) ○○と仲良くやっていかないことなど私には考えられない。

(9) 私は○○と一緒にいるとただ見つめているだけで時間がすぎてしまう。

(10) 私は○○を独占していたいと思う。

ルビンはこのような愛の尺度と、これと対照して好意の尺度をつくり、愛することと好きなことを区分している。**好意の尺度**の方は、能力のある人と思う、信頼できる人と思う、知的な人と思うなどである。

ルビンは男女の恋人をこの両尺度で測定させ、男子の方が恋人と友人の区分が小さく、女子の方が、LOVEとLIKEは違うと感じていることを明らかにしている。

47 都市化と孤独感の増加

ライフ・サイクル対応孤独感

かつて共稼ぎの子供が鍵っ子と呼ばれ、一人で親を待つ子供の孤独が問題とされた。

子供が大きくなり一人立ちしたとき、家庭の主婦は子供からも夫からも心が離れ、くれない族といわれている。

そして最近のハイテク産業や企業の広域化、国際化は一家の主であったはずの主人を単身赴任として外に出し、最も社会的に安定しているはずの中年サラリーマンをも孤独の恐怖に追い込んできている。

もともと孤独感は独身者、離婚者、一人老人など家庭をもたない人にとっての大きな問題であった。しかし都市化された社会ではより広範囲の社会問題となりつつある。

ところで、一人でいることと孤独とは区分しておかなければならない。

孤独感は人がほかの人と現実にどのくらい交流しているかいないかという物理的接触回数よりも、その人が望んでいる交流の程度と現実の交流の程度の差によって感じられるものと考えられる。

読書の好きな青年がいて、一日中ほとんど誰とも会わず生活していたとしてもその人は孤独感にはおそわれないであろう。むしろ進んで一人でいようとしているのである。

しかし、人に会いたいのに会う人がいない、親密な関係を結びたいのに相手がいない、心から理解し合いたいのにそのような相手の人がいないというとき、孤独感にさいなまれることになる。

このような孤独感が高まると、心理的にうつ状態になり、酒におぼれ、アル中になったり、

表　ライフ・サイクルと孤独感

ライフ・サイクル	孤独を生じやすい状況
1　幼児の孤独	母親が用事等で目の前からいなくなったとき，棄てられたと感じる。
2　児童の孤独	転校により親友と離れてしまい孤独を感じる
3　中・高生の孤独	親の期待と友達の期待との板ばさみから孤独を感じる
4　青年の孤独	大学進学のため親元を離れ，孤独を感じる
5　中年の孤独	親との死別によって孤独を感じる
6　初老の孤独	子供が親元から離れることによる孤独を感じる
7　老年の孤独	定年になり，職場の人間関係を失い孤独を感じる

極端な場合は自殺を試みることにもなりかねない。

ヘンドリックらによると、私達は人生の各段階において各ライフ・サイクルに対応した孤独と対面しているとし、人生の各時期に出合う代表的な孤独状況のサンプルを表のように示している。

さて、単身生活者についての大正海上火災の調査（朝日新聞六〇年三月）によると、都内に住む独身の若者は男女とも一人の生活が自由で楽しいとしており、あまり家族のもとへは帰っていない。

一方、同じ単身生活者でも、中年の単身赴任者は一人の生活を面倒でつらく寂しいと感じており、家族の団らんの大切さを改めて知ったとし、月に一回は家族のもとに帰っている。現在の日本の都市生活においては、一人だけの生活で孤独を感じるのは若者ではなく大人のようである。

48 類は友を呼ぶ

友人形成における態度の類似

類は友を呼ぶ、同類は相集まるといわれる。似たもの同士はお互いに気が合い、自然と集まり、一緒に行動し、仲も良いとされている。

ほんとうに友達は似たもの同士なのか、似たもの同士は友達になりやすいのか、多くの心理学者がこの点についての実証的研究を行っている。

ローマンは、デトロイト市民約千人の白人男性を対象にその人の親友三人をあげてもらった。その結果、親友といえる人は宗教や年齢、職業、学歴、支持政党などで**友人間類似性**が高いことが明らかにされた。たとえばユダヤ人の友人の八〇パーセントがユダヤ人であった。また面白いことに自分の親友は自分と同類であると間違えている答えもあったという。

これは友人調査と一緒に友人の特性を書いてもらったので分かったことであるが、たとえば民主党員の人が自分の友人もまた民主党員だと書いているが、実はその人は共和党員であったというような場合で、**友人間類似誤認**である。

またザンダーらは病院で一緒に仕事をしている精神科医、心理判定員、ソーシャルワーカー等が余暇時間を誰と一緒に過ごすかを調査した結果、同じ専門の人と一緒に過ごすことが好まれていることを明らかにした。開かれた社会といわれるアメリカのしかも人間関係の専門家たちの間でもやはり、同類の人の方が安心してつきあえ、お互いに好意をもつようである。

ただ類が友を呼ぶのか朱に交わって共に赤くなったのか、という問題がある。似たもの夫婦はもともと似ていたのではなく、一緒に生活してきたので似てきたのだと考えることもできる。

この点を明確にするためにニューカムは、学生寮に入寮したばかりのお互いに未知の新入生に政治や学校やスポーツ等についての態度調査を行った。その後、新入寮生が誰と友達になっていくかを追跡調査したところ、最初に調査しておいた態度が互いに類似している学生同士が友人になっていき、態度が異なっている学生同士は反発していくことがわかった。

追跡調査の結果は、さらに次の点を明らかにした。**態度の類似**したもの同士が友人となり、グループがつくられていくが、このグループの仲間は最初は類似している態度もあるが類似してない点もある。しかしグループのメンバー内でのこのような違いは、つき合いが進む過程で次第に少なくなり、よりいろんな点で意見が一致するようになっていく。

似た者同士が集まり、さらに互いに似てくるというのである。似たもの夫婦ということわざはこの両面を言っているのであろう。

49 気分がいい時、好きになる

◈ 好意の強化感情モデル ◈

人は気分がいいときと、むしゃくしゃしているときとでは、人への接し方が全然違う。接し方だけでなく対人感情も異なってくる。

素晴らしい風景のなかにいるとき、楽しい遊びをしているとき、海辺で快い風に吹かれているとき、好きな音楽を聴いているとき、宝くじが当ったとき、ひいきのチームが勝ったとき、昇進したときなど、理由はなんであれ、気分が快適なときに、たまたまあった人、知り合いになった人、交渉をもった人には私達はその時の気分がポジティブで快であることから、その人をもポジティブに、良く評価し、良く評価した人には好意をもつようになる。

逆も同じで、劣悪な環境下にあるとき、何か失敗したとき、非難されたときなど、ネガティブな不快感情状態にあるときにたまたま会った人に対しては、私達はそのときの感情状態がネガティブで悪いことから、相手の人をも悪く評価し、悪く評価した人は好きにはなれず、嫌いになる。

バーンとクロアは、このようにある人に対する好き嫌いの感情は、私達がその人と一緒にいたとき感じている情緒が快か不快かによって決められるし、この理論を**強化・感情モデル**と名づけた。

この理論の実証的研究としてメイとハミルトンは女子学生に好きな音楽を聴きながら、男性の写真の魅力度を評定する場合と、嫌いな音楽を聴きながら評定する場合を比較する実験を行っている。

その結果、好きな音楽を聴きながら評定しているときは男性の魅力度を高く評価し、嫌いな

音楽を聴いているときは低く評価していることがわかった。

　もちろん、このことははじめてのデートのとき、好きな音楽をバックにして語ること、海辺へいくことなど、恋人達が既に知っていることであるが、その重要性を心理学の実験もはっきりと証明している。

　逆に、高温高湿、混雑している状況や騒音が激しい状況下のような環境条件が悪いときは不快感を強くもち、このため対人評価は低くなることも、実験的に研究されている。

　この実験においては実験室の一つの部屋は快適な温度に保ち、他の部屋は暑苦しくてたまらない温度にしておいた。

　この二つの部屋で各々対人評価を行い、比べてみると、快適な部屋で評定した人達は好意的傾向を示し、暑苦しい部屋で行った人達は好意的でないという結果が得られた。

50 人間関係における取り引き

社会的交換理論

人間関係は商売と同じである。友情や恋愛も取り引きである。私達は対人市場のなかで人間関係を売買しているのである。

こんな言い方を聞くと目くじらをたて、怒りだす人がいるかもしれない。対人市場という言葉は奴隷市場を連想させ、ことさらいやな気分になる人も少なくないであろう。

しかし人間関係を心理的満足という報酬と不快感というコストで考えていこうという理論がある。ホーマンズやケリーとチボーを代表に、アメリカの学者がこのような説を唱えている。この理論は**社会的交換理論**と呼ばれている。

ただ日本人にこれを話すと「とんでもない、人間を物扱いするな、人間関係は商売なんかではない、心の問題である」と反発される。そのような経済的、効率的考え方はアメリカ的思考で日本にはなじまないと考える人も多い。

しかし、人間関係に関連する日本語を注意してみると、交換論的表現がたくさんあることに気付くであろう。「借りがある」「貸しがある」という表現はよく用いられる。さらに義理や恩は本質的に交換原理にもとづいている。義理は返すものとされ、恩は返すのが大変な借りである。そこで過度の恩的行動は恩きせがましいとして嫌がられる。義理と人情もはかりにかけて測って後、重い方を選ぶということになる。

さて、人間関係において交換されるものは何であろうか。商品市場ではお金に換算され、取り引きがなされ、交換が成立する。人間関係市場では、人から承認されることが基本的報酬となり、人から見下されることが罰つまりコストとなる。

私達は人から「素晴しい！」「すごい！」「カッコいい」「偉い」「やるね！」「敬意を表します」「感謝します」など社会的に高く評価されることを求める。

もちろん私達は物質的な豊かさも求めるが、それらを犠牲にしてまでも、人から高く評価されることも求める、あるいはこういった方が分かりやすいかも知れない。私達は人からのけものにされてまで物や金を求めはしないであろう。つまり**社会的承認**が報酬である。

このことは臨床心理学者のロジャースの非指示的療法の基本になっている。精神的疾病を直すには患者にあわせよ、こうせよという医者の側からの指示を与えるより、患者のいうことに常に同意し、「うん、うん、それで……」「そうだね」「フーン、なるほど」などと同意し、相手を肯定的に評価することにより、患者は自己評価を高くし、精神的に健康になっていくというのである。

51

自己嫌悪に陥ったとき恋が生まれる

好意の自尊理論

私達は、自分自身をどの位の人間であるかを自己評価している。自分は優れた人間であると思っている人はプライドが高く、優越感をもち、自信にあふれている。他方、自分は劣っていると思っている人は、劣等感が強く、自己嫌悪に陥いりやすく、自信がない。

さて、自尊心が高い人はそれだけ自分の社会的価値が高いと思っているので、人間関係場面においても、自己の安売りはしないで、自分の価値に見合った人間関係だけを行うことになる。

また、自尊心の高い人は日頃多くの機会に是認されたり称賛されたりしているので、是認されることをそれほど求めないし、称賛されてもそれほど感動したり感激したりはしない。

他方、日頃称賛されることの少ない自己評価の低い人やたまたま試験に失敗したり、恋人にふられたりして自己嫌悪に陥って、おちこんでいる人は、誰かから称賛されると、その称賛が大きな報酬としてとらえられ、報酬を与えてくれた人を高く評価することになる。私達は落ちこんでいる自分を高く評価してくれる人を、地獄で仏をみたように感じ、その人に好意をもつことになる。

ウォルスターは、このように自己評価の低い人、あるいは低いときは、人からの是認に敏感で、認めてくれた人に好意をもちやすいと考え、これを対人好悪における**自尊の理論**と呼んだ。ウォルスターは次のような実験を行い、この考えの正しいことを証明している。

女子学生に性格テストの実験に参加してもらう。まず最初にカリフォルニア性格テストを

やってもらう。次のテストのために学生ホールで待っていると、同じように実験待ちをしている男子学生が、話かけてくる。実験やテストのことについて二、三話した後、男子学生は自分のことをしゃべり、女子学生に好意をもったように、次週サンフランシスコでのディナーショーに行かないかと誘う。そうこうしているうちに実験者が現われる。
テストが終った後、女子学生はテスト結果を知らされる。テスト結果は非常によい場合と悪い場合とがあった。
性格テストで低い評価を受けた女子学生は少なくとも一時的に自己評価を低めたと考えられよう。実験の終りに例の男子学生についての好意を聞いたところ、好意がもてると答えている。他方、性格テストで高い評価を受けた女子学生はそのような好意は示さなかった。
落ち込んだときこそ人が好きになり素晴しい恋にめぐまれるチャンスといえよう。

52

本音で話すと友情が深化する

自己開示と好意の関連

「あの人には本当のことがいえる」
「あの人には何でも話せる」

親友や恋人には私達は自分の本当の姿をみせる。ほかの人には話さないような秘密をも話し、心の底まで打ち明ける。

ジュラートによると、私達は自分を防御するために、通常はできる限り自分の真の姿は外にはみせないようにしておくという。特にアメリカ社会においては男は内心の感情や弱みを外にみせないことが男性的であるとされ、高く評価されている。男は力強く、たくましく、勇敢で、冷静で、理性的で、達成欲が強くあらねばならず、決してめそめそしたり、弱音をはいたりしてはならず、ましてや人前で泣いたりしてはならないとされている。

このためアメリカの男性は、自己開示をすることを抑制されており、自分の心情を吐露できないアメリカ男性は心理的ストレスがたまりがちであるとされている。

日本の男性も、たてまえ上はアメリカの男性と同じような男性観の上に立っている。しかし、日本ではタテマエとホンネが区分され、役所や会社など公式の場ではタテマエ通りの行動をするが、一担酒席や盛り場などにいくと、ホンネでしゃべり出し、男の弱音や泣きごと、繰り言も許されるのでアメリカの男性のように、抑制されたままでストレスがたまることは少ないであろう。

さて二人の人が親しくなるのは、通常は防御しているが「あなただけは信頼して、自分の弱味をにぎられるのを覚悟で、本当のことを言いますよ」という前提で、一方が相手にある一定

の自己開示することによって始まる。それを受けた相手はその信頼に答えて、自分の方も相応の自己開示をする。ここで相手が相応の自己開示で答えなければ関係はそれ以上進まない。相応の自己開示で答えると、そこに信頼関係が成立し、再び、さらに深い自己開示の交換が進められ、友情が深められることになる。

このように友情が成立するためには**自己開示の交換**という過程が必要条件となってくる。ただ相互の自己開示の程度には一定のタイミングがあり、とにかく自己開示すれば友情が成立するというものではない。

会ったばかりの人にいきなり個人的な打ち明け話をしたら相手は驚き、かえって不信の念をいだくであろう。

ルービンは空港の出発ロビーで待っている人にこのような突然の自己開示をするという実験を行い、こうした自己開示に相手はのってこないことを証明している。

53

誠実な人が好き、やさしい人が好き

好きな性格の日米比較

私達はどんな性格の人に好意をもち、どんな性格の人が嫌いなのであろうか。好ましいと思われ、好意をもたれる性格には時代や文化の違いがあると思われる。もちろん、良い性格は好まれ、悪い性格は嫌われるのであろうが、良い性格のなかでも何が高く評価され、悪い性格のなかでも何がより悪く評価されるかは、文化や社会によって大きく影響をうけよう。

アンダーソンは性格を表わす五五五の形容詞を用意し、大学生に各々の形容詞について好ましさの度合、好意度を調査した。

その結果のベストテンとワーストテンをあげたのが表である。この表から一九六〇年代のアメリカの大学生は、誠実で正直な人、信用でき信頼できる人が一番好ましいとしていることが分かる。これは、ワーストテンの上位にうそつきやいかさま師、正直でない人などがあげられている点からも、誠実さ、正直さが彼らにとって人を判断するときの最も重要な基準になっていることがうかがい知れる。

さて、文化比較をする意味も加えて、日本での好意のもてる性格、嫌いな性格についての大学生の調査結果を表に並べて示してある。

一見して分かる大きな違いは、日本の大学生は思いやりのある、やさしい人に一番好意がもてるとしている点である。自分をやさしく包んでくれる寛容な人、つまり母親のように自分を保護してくれる人を好いており、感情的な側面が強いといえよう。日本の人間関係は情的であるということを表わしているともいえよう。

またアメリカのベストテンには知的な人、思慮深い人が入っており、教養の高い知性的な人

表　大学生の自己概念の構造

順位	アメリカの大学生		日本の大学生	
	好まれる性格	嫌われる性格	好まれる性格	嫌われる性格
1	誠実な人	うそつき	思いやりのある人	ずるい人
2	正直な人	いかさま師	誠実な人	人をさげすむ人
3	理解のある人	下品な人	やさしい人	卑劣な人
4	忠実な人	残虐な人	気さくな人	ごう慢な人
5	真正直	正直でない人	寛容な人	うそつきの人
6	信用できる人	信用できない人	頼りになる人	ゴマをする人
7	知的な人	不快な人	たのしい人	意地悪な人
8	頼りになる人	意地悪な人	明るい人	自分勝手な人
9	心の広い人	卑劣な人	さっぱりした人	無責任な人
10	思慮深い人	だます人	すなおな人	強要的な人

(Anderson, 1968, 斎藤, 1985 より)

を高く評価しているが、日本の結果には、残念ながら入ってこない。反対にたのしい人、気さくな人、明るい人が入っている。これらは現代の大学生の特徴を示しているといえよう。活字離れしたマンガ好きのテレビっ子の好む性格は、かつての日本人のネクラの内向的な青年像とはまったく異なってきたといえよう。

次に、日本の学生の嫌いな性格についてみてみると、アメリカの学生同様、ずるく、卑劣でうそつきの人は嫌いである。異なっている点は、人をさげすむ人、強要的な人、ゴマをする人など権力や支配と関係した性格が強く嫌われていることである。自分に対して権威的にふるまう人、権力をふりかざす人を嫌い、そのような権力にゴマをする人を嫌うという傾向が示されている。大学生のような比較的自由な人間関係のなかにも日本的タテ型人間関係が大きな影響を与えており、そのことが対人的好悪に現われているとみることができよう。

54 恋人募集広告

求人広告の心理学的分析

最近、見合い結婚が見直されてきているという。かつて見合いは封建時代の結婚形態として、古くさい、非人間的なものとされてきた。

しかし最近の見合いは家を守るためとか、親のためというのではなく、より自分の理想に近い人、自分にふさわしい人を広く求めるという、本人の理想的結婚のための方法として再評価されつつあるといいえよう。

最近はこのような風潮を反映して、結婚仲介業が盛んになりつつあり、一つのビジネスとして成長しつつあるようだ。

アメリカでは、結婚相手と限定せず、広く心を許しあって話せるパートナーを求める広告が新聞や雑誌に多く載っている。ロンリー・ハート・アドと呼ばれているが、パートナー募集、恋人募集広告ということである。

この広告は例えば「私は一七〇センチ、五〇キロ、三〇歳の白人女性。可愛いくて頭もいい。四〇〜五〇歳の真面目で、長くおつきあいできる男性で、ユーモアがありタバコをすわない人を求めている」といったものである。

ハリソンらはこのような求人広告八〇〇通を分析し、自己紹介の文章と求める相手の条件間の関係を調べてみた。

その結果、自分のことを魅力的であると書いている女性は、自分の美醜にふれていない女性に比較して、相手の人にまず写真を送るようにという要求が多いという。つまり美人と思っている人はパートナーの容姿を知り、その上でつきあうかどうかを決めるということである。また、男女とも広告のなかに自分の身体的美醜について何もふれていない人は、相手に対しても

...t/secure ... meaning
lg-lasting ... discrip ttr w/name
...to, discrip ttr w/name
sinc replys. VV P 11088

...seeks nice female for
...tionship. Prefer some-
...hester, Rockland area.
...M11452

...EEKS WISEMAN (45
sane, kind, genuine-
...e, & solitary as I am.
...ited. VVM10576

...tic student 22,
...cure woman to make
M-10708

...ed, 6', handsome,
..., stable, sincere.
moderately. All
...sonable guy, easy
...ove-aver-

Charismatic, tall, good-looking 35yr old SWM well-educated entreprenuer with diverse well-traveled life-style but traditional values seeks striking, tall, slender beautiful blonde in her 20s, never married-no dependents, who is an educated & refined lady in every sense of the word for a serious relationship. One who enjoys life from quiet evenings at home to elegant nights on the town. Write VV M 11236

Energetic SWM 36, 5'10, 170, LI res. into business, traveling, sports, movies, theater wants to meet a slim lady with similar interests. Object-to enjoy each other & the world around. VVM11456

I am a SWJM, 25, 5'11" brown hair, brn eyes & good sense of humor who is tired of looking for that special person in Discos & singles bars. If you're a SWJF 21-25 who is as tired as I of the above mentioned meeting places, why not

...M11458...

Yng cllge student, 20, consdrd hdsme, intll, funny, undstding sks woman 18-25 with same qualities. Plse snd photo and letter. VVM10640

SWJM, attorney, 28,5'10, slim, very good looking, athletic, sks beautiful, elegant, sophisticated, intellectual, diverse, uncommon lady. Age & ethnicity unimportant. Reply with phone/photo. vvm11481

Quality seeks Quality
pretty, lovable, angelic, sylph SWJF, 30, arty, smarty w/personality plus, sks her ultra-worthy intel gdlkkng champion SWJM, a pot pouri advent spirit, trad values, panache & hip stance, who perceives & exhudes class & truly desires a genuine soulful committment. Photo/phone appreciated. VV M-11527

図　アメリカの求〝人〟広告の一例　(Raven ら，1983 より)

身体的美醜について条件を出さない傾向がみられるとしている。

ハリソンらはこの結果、美人は美人を求めるという**身体的魅力の類似性**の現われであるとしている。しかし、これは一概にはそのようにはいえない。社会的交換上から自分の身体的魅力を考えたら、本当は美人の人を恋人にしたいが、そう高望みをしていたら相手がみつからないということから、そのような条件は出さない可能性が高いといえよう。

さて八〇〇通の求人広告全体をみると、女性は広告内容の特徴は自分の美しさを書き、相手は年上で経済的援助を求めるものが多く、男性は年下の美人を求め、経済援助を約束し、結婚に関心があることを書いているものが多いという。これらの内容は互いに相補的関係にあると考えられる。男女の関係では出発点においても、魚心あれば水心という相補的社会的交換のやりとりがなされているのがわかる。

55

コンピューター・デートの結末

デートの決定要因

外見的容姿つまり身体的特徴は対人好悪を決定する重要な役割をはたす。特に男女の間の好き嫌いには重大な決め手となっている。同性の友達の容姿などさほど気にしない人でも相手が異性となると、背の高い人が好き、肥った人が好き、目の大きい人が好き、彫りの深い人が好き、などいろんな身体的条件を口にする。

ウォルスターらは、若い男女が偶然知り合ったとき、その後にデートをしようとするかどうかを決める第一位の要素は、一見して外から判断できる身体的魅力の程度であることを実験を通して明らかにしている。

この実験はコンピューター・ダンス・パーティを利用している。コンピューター・ダンス・パーティとは、参加者が事前に自分の性格や好みなどの資料を提出し、そのデータをコンピューターに入れ、コンピューターが最も適当と思われる相手を探し、パーティでその人と踊るという催しである。いわば現代版の見合いである。

そこでは、当然互いに知らない人間どうしがカップルを組むことになる。そこで、ウォルスターは事前調査で、パーティ参加者の知能、学力、性格、社会的態度、それに身体的魅力度を調べておいた。そしてパーティの終った後、個別にその日のパートナーと今後、デートをしたいと思うかどうかを尋ねた。

その結果、パートナーの人とデートをしたいとするかどうかを決定している第一の要因は知能や性格ではなく**身体的魅力の度合**であったことがはっきりした。

男女のデートには容姿の美醜が決定的な役割をはたしているという結果がえられたのであ

る。これは、ある意味では当然である。二時間位のダンスパーティでは相手の性格や社会的態度などそれほど知ることはできない。そうなると、判断の材料は、一見して分かる外見の容姿ということになろう。

こうしてみるとやはり美人は有利ということになる。しかし、美人がゆえに嫌われることもある。シーガルらはこのことを実験して証明している。この実験は男子学生が美人の女性と面接するという実験である。その結果、大変な美人女性と対した男子はその美しさゆえに、興奮気味となる。そこで美人から冷たくされると、美人でない人から冷たくされたとき以上に感情的になり、その人をひどく嫌うことになった。もちろん美人の人がニコッとして親切に振舞えば好意は倍増する。このように美人の人は本人にとってはなにげない行動をしていても、異性から極端に好まれたり、嫌われたりする機会が多い。

56

似合いのカップル

❀ 対人間つりあい仮説 ❀

美しさに対する私達の想いは理性を越えるものがある。絵画、彫刻、写真などにおける美を求める芸術家の情熱は時に異常とさえ思われるところまで高まっている。芸術家でなくても人は美しいものに魅了される。それが人の場合、その人に好意をもつことになる。

こう考えると男女を問わず身体的魅力をもった人が恋愛の対象として好意をもたれ、デートに誘われ、恋を打ち明けられるのはあまりに当然である。そこで人は、美しくなろうと工夫し努力する。最近はヨガにジャズダンス、エアロビックス等シェイプ・アップのための体操が盛んである。美容整形は、最も直接的な方法で、若い女性の心をゆれ動かしている。

それでは、人はだれでも最上級の美貌の持ち主だけに好意をもち、恋心をかりたてられるのであろうか。実は対人好悪はもう少し、複雑である。

物に対する好意なら、自分が好きなら好きに決っているが、相手が人の場合、相手の反応がからんでくる。相手が人の場合、相手の人にも好き嫌いがあることを私達は知っている。そして、自分が好きになった場合、相手からも同様に好いてもらいたいと思う。自分が相手を好きな場合、相手も同様に好いてくれていないと気がすまないし、気が安まらない。このような傾向を心理学では**好意の返報性**あるいは**互恵性**と呼んでいる。

一目ぼれなどにより好きになっても、相手から好意が示されなかった場合、そのまま想い続けるケースはあまり多くない。片思いでは恋愛は成立しないし、一時的にのぼせ上ってもすぐ

にさめてしまう。
このように対人的好悪は相互性があり、自分が好く人には最初から自分も好かれたいという傾向が強い。相手から笑われたくない、デートを申し込んだとき断わられたくないといった気持ちが強い。そこで、本来は美人が好ましいと思いつつも、理想は理想、現実の相手には、自分と同じレベルの人に近づき、デートをかさね、好きになり、恋をし、結婚していくことになる。このように自分の同程度の人とつきあい、同程度の人に好意をもつことを心理学では**マッチング**という。人は自分とつりあう人を求めるという説をマッチング仮説（つり合い仮説）と呼んでいる。
マーステインは実際の恋人同士や既に結婚している夫婦の顔写真をとり、それをもとに身体的魅力度を調査、分析してみると、恋人同士、夫婦同士の容姿の程度は互いに似ていると報告している。

57 興奮さめやらぬ愛

情緒の認知・生理仮説

カナダのバンクーバーの郊外のキャピラノ川の深い峡谷にひどく揺れる危げな吊橋がかかっている。日曜日ともなるとハイキング好きの若者が怖がりながらもスリル満点のこの吊橋を何人も渡っていく。

今、ある一人の若い男性が揺れて落ちそうになりながらこの橋を渡っている。その青年が息をはずませ、心臓をどきどきさせながら、渡り終えたばかりの吊橋をしばしながめている。と、近くにいたしゃれた感じの女の子がそそくさと青年に近づき、何やら話かけている。

「突然ですいませんが……。私は大学で心理学を専攻している学生です。私は自然の景観と芸術的創作との関係を研究しています。今回、景色のよさが創作活動にどう効果をもつか調べているのですが、協力していただけませんか」

青年が承諾すると、女子学生は現在の心理状態などについていくつかの質問をした後、一枚の絵をみせて、

「この絵をみて、一つの物語を作って下さい」

と実際の創作を依頼する。そしてそれが終ると、

「今は時間がないので研究の詳細について話せませんが、もしこの実験の詳細をお知りになりたければ、いつでも説明しますので、都合のよいときに、ここにお電話を下さい」

女子学生は電話番号を書いた紙きれをその青年に渡した。

所変ってキャピタル川のさらに上流、そこにはガッチリとした普通の橋がかかっている。谷はさほど深くなく、幅の広いこの橋を渡っている人は危険とか、恐怖とか、興奮とかには無縁

である。この橋の傍らにも吊橋の所同様、可愛げな女子大生が立っていて、橋を渡ってきた青年に例の創造創作の調査を行っている。そしてこれまた同様に、
「今、時間がないので……」
と電話番号の紙片を渡していた。

さて、自宅で待ちうけている彼女のところに、何人の人が電話をしてきたであろうか。吊橋を渡った人と普通の橋を渡った人では、どちらが多く電話をかけてくるだろうか。
これがダットンとアロンの生理的興奮と好意の関係の実験の概要である。実験のねらいは創作活動ではなく、後で電話をかけてくるかどうかなのである。両者を比較した結果は明らかで、吊橋を渡った人の半数が電話をかけてきたのに、固定橋を渡った方はわずか一二パーセントの人しか電話をしてこなかったのである。それでは吊橋を渡った青年達はなぜ彼女に電話をし

たのだろうか。

私達は一目ぼれするような魅力的な女性に会ったときは、心は高鳴り、息はつまり、顔はほてりがちである。このような生理的興奮のなかで相手に魅了され、好意を感じ、愛情を深める。

さて、今にも深い谷底に落ちそうなぶらぶら揺れる吊橋を必死の思いで渡ると、誰しも興奮し、息づかいは荒くなり、心臓ははげしく鼓動する。ここでもまた生理的興奮のなかにいる。シャクターによれば、これらの生理的興奮の間にはそう違いがあるわけでなく、息づかいや心臓の高まりなどは、愛情でも恐怖でも似たような反応をするというのである。そこで起こっている生理的変化を愛情であるとするか恐怖であるとするかは、その本人が周囲の状況をみて判断する、というわけである。シャクターはこの説を情緒の**認知・生理仮説**と呼んでいる。この理論によれば、偶然の出来事によってある人に愛情を感じてしまうことも十分に考えられる。怖くて心臓がドキドキしたり、運動しすぎて息をハアハアさせたりしているとき、偶然そこに異性がい合わせると私達は「その人と会っているのでドキドキしたり、息がつまっているんだ」と思い込み、「こんなに生理的興奮を感じるのだから自分はその人が好きに違いない、好きなのだ」と思い、その人に好意をもち愛情を感じるというのである。

もうお分かりのことと思うがダットンらはこのシャクターの仮説を実際の場面で実験的に証明を試みたのである。吊橋を渡ってまだ興奮さめやらないところにそそとした美人が現われて話かける、青年はきっとこの女性に魅了されるだろう。そうしたら再会のために電話してくるに違いないと計画したのである。結果は予想通り、固定橋を渡った、興奮してない人よりも吊橋を渡った人の方が多く電話をしてきたのである。認知・生理仮説は支持されたのである。

第5章
人を見るときの心理

今川民雄

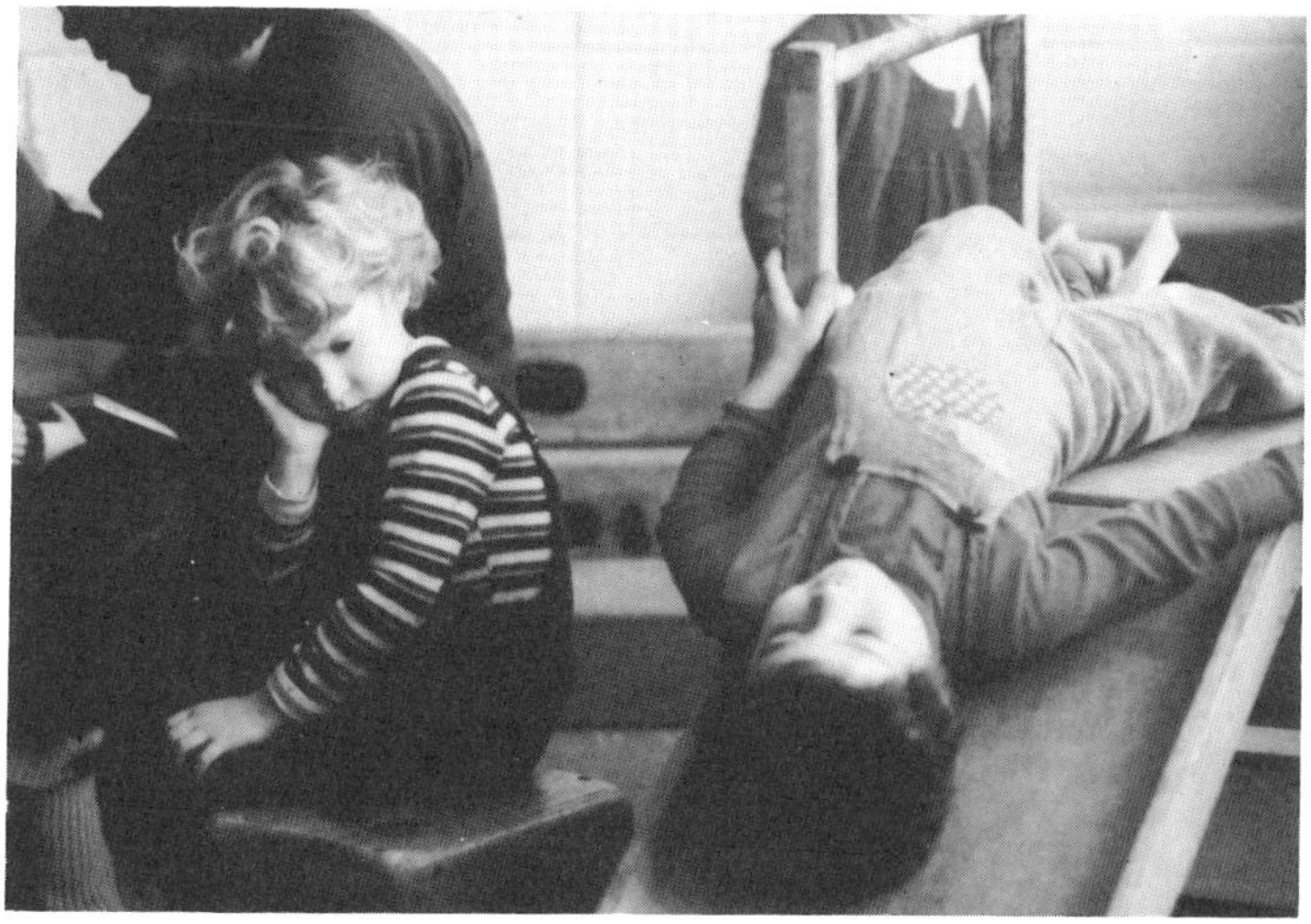

58 暖かい人と冷たい人の印象

❀第一印象の印象形成過程❀

「今度うちの課に来た課長はね、仕事はできるようだけど、ちょっときつくてね」

「ねえ、お向いに越してきた奥さんだけど、いつもニコニコしていて、愛想のいい人なのよ」

私達はいつも、この話のような他人についての情報に接している。そして、実際に当人に会わなくとも、人の話から、その人についてのイメージを創りあげている。ところで、このようにして他人についてのイメージを創りあげる時、人から聞いた内容が十分に生かされているのだろうか。

アッシュは、言葉によって形づくられる、人の**印象形成**についての研究をしている。

彼は「知的な－器用な－勤勉な－暖かい－決断力のある－実際的な－注意深い」という人の特徴を表わす形容詞と、「知的な－器用な－勤勉な－冷たい－決断力のある－実際的な－注意深い」という形容詞とを、前述の順序で別々の学生達に示し、それぞれどのような人物かについて尋ねた。

この二種類の形容詞のリストは、「暖かい」と「冷たい」という言葉だけを入れ替えたものにすぎなかった。

ところが「暖かい」という形容詞がある場合には、その人は気前がよくて賢くて、人の良い、いわば人間味のある人物とみられたのに対して、「冷たい」という形容詞を含む場合では、信頼はできるが、情に薄い人物とみられていることがわかった。

さらにアッシュは、「知的で、勤勉で、衝動的で、批判的で、強情で、ひがみっぽい人」という順序で説明した場合には、〞欠点はあるけれど

も有能な人物〟という印象を与えるのに対し、それを逆の順序でいうと、〝有能かもしれないが、欠点が多くて力を出せない人物〟という印象を与え易いことも明らかにしている。
　つまり、内容としてはまったく同じことを言ったにしても、言う順序が違うと、良い印象も悪いものになってしまうことがあるのである。
　どうも私達は、人から聞いた内容を、そのままイメージ化するのではないようだ。アッシュの実験での「暖かい」や「冷たい」のような、自分が重要だと思う特徴に、知らず知らずに目をつけて、他の内容は枝葉だとしてしまいがちなのである。
　また、最初に聞いたことにこだわって、後から聞いたことを軽視してしまうという**印象形成の初頭効果**、その逆に、今聞いたことにとらわれて、以前に知っていたことを無視してしまうという**新近効果**もある。

59 好きな人は自分と似て見える

想定類似性の理論

よく「似た者夫婦」とか「あの二人はどうも水と油だ」とか言う。似ていたり似ていなかったりということが、気が合ったり、気が合わなかったりすることの原因の一つになり易いというわけだ。

ところで、似ているとか似ていないとかいっても、容姿の場合はいざ知らず、こと性格となると、じつはその判断はかなり曖昧なのではなかろうか。

フィードラーらは、他の人が自分に似ているとか、似ていないとか判断する場合、その判断がどうも極端になり易いのではないかという疑問を抱き、次のような実験をしている。

大学生のある仲間集団のメンバー二六人に、

(a) 自己評定、

(b) 理想の自己の評定、

(c) 仲間のなかで最も好ましい友人の自己評定の推測、

(d) 仲間のなかで最も好ましくない友人の自己評定の推測、

の四種類の評定をしてもらっている。

その際、評定は「私は他の人の意見など気にせず、我が道を行きます」というような、全部で七六の項目によって行わせた。その結果、次のようなことが明らかとなった。

(1) 「好ましい仲間は、好ましくない仲間よりも、自分にも自分の理想にも、よく似ていると思われがちである」

(2) 「しかし、自分自身についての評定を相互に比較してみると、好ましい仲間との間でも、好ましくない仲間との間でも、似ている程度に大きな違いはない」

つまり、私達は、好ましいと思っている友人の性格を自分によく似ている、そして嫌いな人の性格は自分とは似ていない、と思い込んでいるらしいのである。これは**想定類似性**と呼ばれている。

ところが実際はどちらの人の性格も、特別自分に似ているわけでも違っているわけでもない、というのが事実のようだ。実際に似ているかどうかよりは、似ているように思うことのほうが重要なのだろう。

では、似ているから好ましいと思うようになるのだろうか。それとも、好ましいと思うから似ていると思うようになるのだろうか。何人かの心理学者がこの点について検討しているが、結論としては、どちらの場合もありうるということのようである。いずれにせよ、人が他の人を自分と似ていないと判断する時よりも、何か共通点がみつかった時の方が、仲よくなりやすいといえよう。

60 主観的な他者の印象

矛盾する情報での印象形成

ゴリンは、大学生に三種類、五つのフィルムを見せた。

そのうちの二つは、若い女性が道徳的でないことを暗示させる振舞いをするもので、一つはさびれたホテルの前で男に誘われて行くシーン、もう一つはバーに入ってゆき、すぐに男連れで出てくるシーンであった。

つぎの二つのシーンは、同じ女性が親切で思慮深いことを表わすもので、一つは道路の階段から落ちた女性を助けようとするもの、もう一つは乞食にお金をあげているシーンであった。

五番目のシーンは、前の二種類のシーンの間に映されるもので、若い女性が通りを歩いてきて、別の女性と立ち話をするものであった。

フィルムを見る学生は、二つのグループに分けられた。第一のグループは、最初にまじめでない印象のフィルムを、二ばんめに親切さを示しているフィルムを見せられた。第二のグループは第一のグループとは反対の順序でフィルムを見せられた。

フィルムを見た後、学生達はフィルムに登場した女性の性格についての印象を、できるだけ詳しく書き、さらに、彼女をどの程度受け入れるかを評定するよう求められた。この評定は**社会的距離**を測定するものであった。

被験者の若い女性に対する印象は、その内容によって、全体を関係づけたもの、事実を寄せ集めたもの、不真面目な方に単純化したもの、親切なほうに単純化したもの、の四つのグループに分類された。

そして、四つのグループごとに、社会的距離の平均を求めたところ、不真面目なほうに単純

化したグループが最も距離が遠く、親切なほうに単純化したグループが最も近いことが明らかとなった。さらに彼らは、印象の記述に用いた手掛かりが、些細なものか、重要なものかを調べている。すると、全体を関係づけて印象を記述したグループのみが、重要な手掛かりにもとづいて印象を記述していることが分かった。

このことから、矛盾した情報に接した場合、それをどう扱うかには、人によって違いがあることが分かる。そして、大きくわけると、矛盾した情報の一方だけから印象を作りあげる人、両方の情報に関心を向けはするが、ただそれだけの人、そして、矛盾した情報を何らかの形でまとめあげようとする人、の三種類の人がいるようである。

さらに、この印象の作りかたの違いは、対象となっている人に対する感情とも影響しあっていることがわかる。私達の他の人についての印象には、かなり主観的な面があるといえよう。

61 対人関係をどう見るか

私達の日常生活は多くの対人関係から成立っている。親子関係や夫婦関係から始まって、隣近所の関係や親戚、学校の同期生や会社の同僚、さらにはセールスマンや所用先の受付嬢との関係に至るまで、そのあり様は多岐にわたっている。そこで、多様な対人関係について、私達はどのような視点からとらえているのかについて考えてみよう。

ウィッシュは他の研究者とも協力しながら、対人関係について人はどのような見方をしているのかを明らかにしている。まずかれらは、親友同士、セールスマンと常連客、夫と妻、自分にとっての敵、親と子、などの典型的な対人関係を二五、そして子どもの時の関係として、あなたと母親、あなたと父親、あなたと兄弟など八つ、また現在の関係として、あなたと母親、あなたと親友、あなたとあなたの嫌いな人、など一一の、全部で四四の対人関係について、それぞれどのような特徴があるのかを評定してもらった。

対人関係の四つのカテゴリー

さて、結果からいうと、私達は対人関係をおよそ四つのカテゴリーからとらえていることになるそうだ。その対人関係の四カテゴリーとは、

(1) 協力的・友好的↔競争的・対立的
(2) 対等↔非対等
(3) 表面的↔親密
(4) 社会情緒的・非公式↔課題志向的・公式

というものである。たいていの対人関係はこの四つのカテゴリーの組合せによって表現できるということになる。

例えば、夫婦関係は、協力的・友好的で、対等で、親密で、社会情緒的・非公式な関係だと

いうことになり、看守と囚人の関係は、競争的・対立的で、非対等で、表面的で、課題志向的・公式な関係ということになるだろう。

さて、対人関係の見方の違いを、ウィッシュの研究にもとづいて考えてみよう。すると、少なくとも二つの観点があると言えよう。一つは、人によっては夫婦関係も看守と囚人の関係のように思われることがあるかもしれないということである。

もう一つは、上にあげた四つのカテゴリーのうち、どのカテゴリーを重要視して、対人関係にあてはめようとするかという点である。同じ夫婦関係でも、ある人は対等であることを重視しているかもしれないが、また別の人は情緒的結びつきこそが夫婦関係の原点だと思っているかもしれないのである。

いずれにせよ、四つのカテゴリーは、こうした対人関係についての見方を理解する適切な手掛りになっている。

62

相互の好き嫌い認知は一致する

好悪感情の相応性

日頃の人間関係について考えてみると、人とのつきあいを支えている大きな要因として、相手に対する好悪の感情がある。好意を抱いている人とは、つきあいも頻繁になるが、好感のもてない人とは、なるべく会わないようにするものである。

逆もまた真なりで、つきあいの頻繁な人とは、互いに好意を抱きあっていることが多いであろうし、また会うことを避けている相手とは、好感を持ちあってはいないことが多いと思われる。ところで、自分は相手を気に入った、とか相手に気に入られたとかいう場合、こうした印象は正確なのだろうか、そして相手にも通じているのだろうか。

タジウリは、互いに顔見知りでない大学生を一〇人ずつグループにして、あるテーマについての話し合いを繰り返し行わせた。そして話し合いの後で、グループの他のメンバーに対して抱いている好悪感情と、それぞれのメンバーが自分に対して抱いていると思われる好悪感情の推測とを判断させている。

その結果、自分に向けられた相手の好悪感情の推測は、実際の相手からの好悪感情と偶然以上に一致していることがわかり、タジウリはこれを正確さと呼んだ。それほど親しい相手ではなくとも、私達が、他者から自分に向けられた感情を推測するとき、それはまったくでたらめなものではないといえよう。

また、相手に向けている好悪感情と、相手から向けられていると推測している好悪感情との間にも、やはり偶然以上の一致が見られることが明らかとなった。つまり、好きだと思ってい

る相手からは、好かれていると思いがちであり、嫌いな相手からは嫌われていると思いがちだということになる。この一致をタジウリは**好悪感情の相応性**と名付けている。さらに、タジウリは結論として、この相応性が、対人関係が発展してゆくために重要な働きをしていると述べている。

ところで、相応性に見られる一致は、どのようにして生ずるのであろうか。多くの心理学者がこれまで研究してきたところによると、相手がこちらに好意を持っているようだと思ったことから、相手に好意を抱く場合と、こちらが先に相手に好意を抱き、その気持ちの反映として、相手も好意を寄せていてくれると思い込む場合の、両方があるようである。

いずれにせよ、好み、そして好まれているという思いが、対人関係の発展のベースになるということは確かなようだ。

63 友達の友達は皆友達

好悪感情のバランス理論

あるテレビ番組では、ゲストに、「友達の友達は皆友達だ」といわせている。私達の交遊関係には、そのようにしてできたものも少なくない。

ところが、「友達の友達でも嫌な奴」という場合が現実にはある。もしそうなった場合、もとの友達との人間関係は一体どうなるのだろうか。このことを説明してくれる考えかたの一つに、ハイダーが主張している**バランス理論**がある。

彼によると、私と友達と第三者のあいだには、私から見て、ある種のバランスが保たれているというのである。もしそうしたバランスが崩れていると感じた場合には、私はバランスを取り戻そうとして自分の見方を変えたり、行動したりするというのである。

たとえば、あなたの友達の友達を、あなたが快く思っていないという場合について考えてみよう。それを図解したものを見て欲しい。好意を（＋）、非好意を（－）で表わして、三つの符合をかけ合わせると、

（＋）×（＋）×（－）＝（－）

となる。

ハイダーによれば、こういう場合はバランスがとれていないので、かけ算の結果が（＋）になるように見方が変わるのだという。つまり、

①あなたがあなたの友達を嫌いになるか、

②あなたの友達が、友達の友達を嫌いになるよう働きかけるか、

③あなたが、友達の友達を好きになるか、

のいずれかだということになる。では、これら三つの可能性のうち、どれが生じやすいのだろうか。もし友達がじつは恋人で、友達の友達

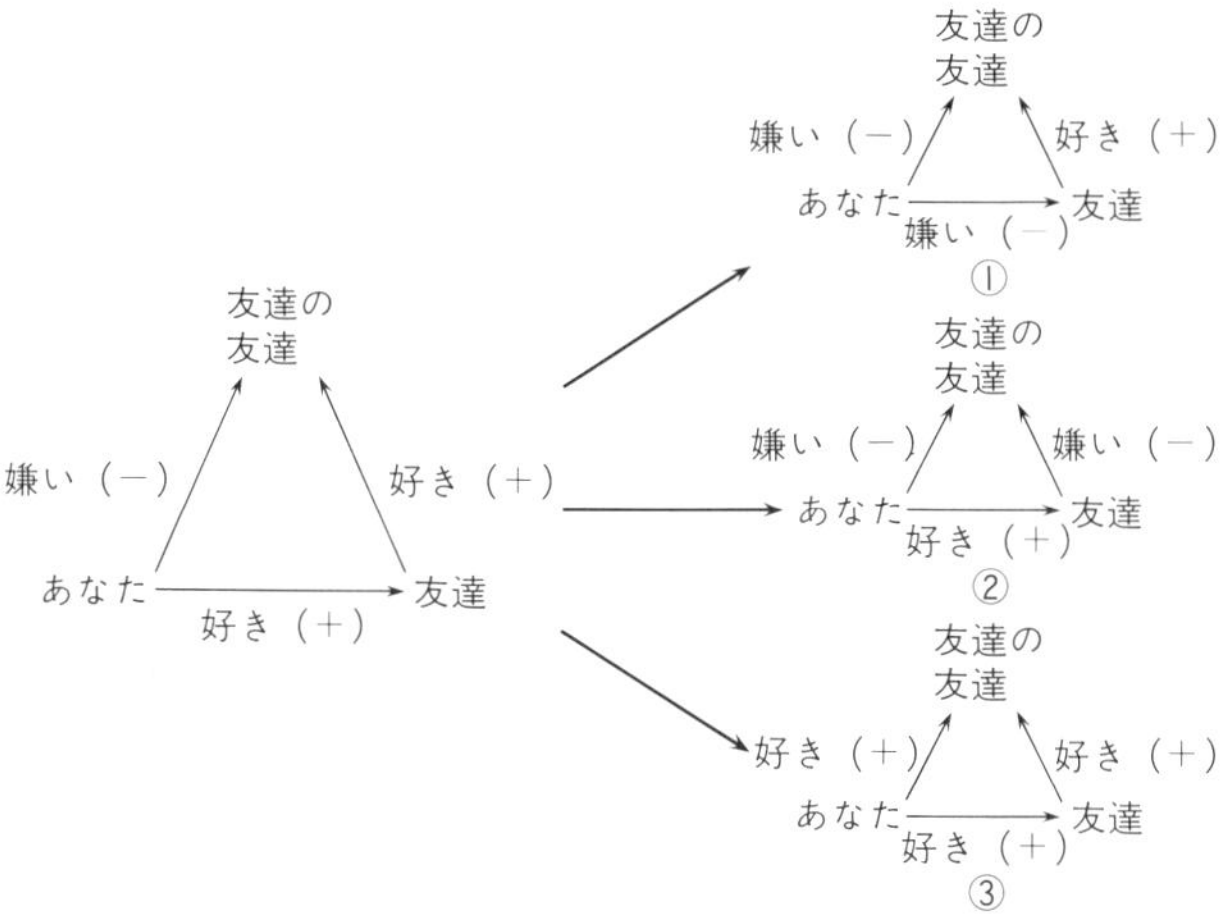

図　ハイダーのバランス理論による好悪のバランス変化（Heider, 1956より）

が恋敵だとすれば、まず答えは②であり、もし、どうしてもそれが実現しなければ、①もやむをえないということになると予想できる。というのも、状況が③を許さないというわけである。

しかし一般には、私達は互いに嫌い合うよりは、好意を持ち合うほうを望んでいよう。それゆえ、図の三人の関係では、始めは（＋）（＋）（＋）となることを求めやすいのではないかと思われる。

むろん例外はあるわけで、前述の三角関係で、最初から③が成立している場合には、はなはだ困った立場に陥ったこととなるであろう。友達同士で同じ異性に好意を抱いてしまったということになる。バランス理論では、そのままの状態でいるか、さもなければ、恋人か親友かどちらかを選んで、もう一方とは別れるしかないという予想がなされることになる。もっとも現実には、相手の選ぶ権利の行使がことを解決するのかもしれない。

64 有能な部長は有能な夫か

「あの部長はなかなか人を見る目がある」とか、「夫はちっとも私のことをわかってくれない」とかいうことを良く耳にする。いずれも、他人のことを知る力について言っているようである。

部長のような地位にある人には、人並み以上に人を知る力を持っていることが要請されているのだが、他方夫に要求されているのは、人を知る能力が他の人より高いことではなく、むしろ、妻を理解しようという姿勢があるかどうかであろう。

ところで、この「人を見る目」のある部長は、はたして自分の妻をわかってあげているであろうか。人を見る目のある部長であれば、仕事もでき、常日頃多忙で家庭を省みている暇がなく、結果として妻のことについてはさっぱりだということのほうが、むしろありそうな話である。

では、十分な時間さえあれば、この部長は妻のことをわかってあげられるのかということになると、実は姿勢の問題だけではなさそうなのだ。

三種類の人を知る能力

ヴァーノンは、私達の他人を正確に知る能力というものは、どのような対象や場面に対しても通じるような、一般的な能力ではないと言っている。

彼は、次のような三種類の**人を知る能力**があるというのである。

第一は、初対面の人に会った時、その人についての少ない情報にもとづいて、正確な推測をする能力である。ひと目見てその人を知るということであろう。

第二は、友人がどのような人物かについて正

確に理解する能力である。友人について、良い方向にも、悪い方向にも歪んだ見方をしないで、客観的に視ることができる力ということであろう。

第三は、自分が他の人々からどのように理解されているのかを正確に知る能力である。この能力は、自分自身を知ることにつながるものということができよう。

そしてこれらの三種類の能力は、相互に関係がないというのだ。だから、部長として部下の可能性を見抜く力を持っていても、長年のつれあいである妻についての、良き理解者たる能力がないということは、十分にありうることといえよう。もちろん、部長としては有能だが夫としては無能であることと、その逆であることとは、どちらが望ましいことかは一概にはいえまい。両方の能力があれば、それにこしたことはないのだろうが、常人には望むべくもないことといえようか。

65

人を見る目は歪んでいる

対人認知の歪み

二人の人間が出会った時、外見とか物腰とか声音とかによって、この人はこんな性格のようだ、と互いに判断しあう。しかし相手についての判断は、それだけで終わるわけではない。「私には、とても明るくて陽気な人に思えるけれども、その人はどうもその人自身のことを、そうは考えていないようだ」というように、自分の見方と相手自身の見方とがくい違い、そのことに気づくことがある。

また、「相手は私のことを、楽天的だと思っているようだけれど、実は私にはけっこう悲観的なところもあるのだ」というような、くい違いを意識することもある。相手がどう自分を見ているかについての推測をしているのである。

このような推測は、日常よく行われているといえよう。しかし私達は、こうした性格についての判断の、どこまでが経験によって得たもので、どこからが推測によるものかを、はっきり自覚しているとは限らない。そのため、推測を行う場合には、自分自身についての見方や、自分の持つ理想像などが影響するといわれている。そこで、二人の人の間になされる相互の認知では、どのような**対人認知の歪み**が生じやすいのかについて、見てみよう。

親しい相手とのあいだで、互いに推測を含めて性格を認知する場合について検討した研究によると、次のようなことが指摘されている。まず互いの理想像はよく似ていること、そして「自分の推測はそうはずれていないし、相手も自分のことをわかっているだろう」と思いがちなことが明らかになっている。さらに、こうした相互の認知の過程には、

(1)　**推測の正確さ**　相手の人が相手自身についてどう考えているのか、あるいは、相手が私のことをどう思っているのか、を間違いなく理解しているか

(2)　**自己開示性**　自分のことや、相手について思っていることを、どれだけ相手に伝えているか

(3)　**類似性**　互いの自己像同士や他者像同士がどのくらい似ているか

(4)　**理想化傾向**　自分や相手を、どれだけ理想に近いと思っているか

の四つの要因がからみあっているという。

私達が日常他の人の性格について行っている判断や、推測には、いくつかの必ずしも意識していない特徴が、影響を及ぼしているのである。それにしても、どれだけ相手に自分のことを伝えてきたかということが、互いの正確な理解につながるとは限らないという点は、気になるところであろう。

66

人の性格をどう判断するか

❀ 対人認知の枠組み ❀

ノーマンは、次のような研究をしている。まず、「話好きな－無口な」「あけっぴろげの－秘密主義の」など、全部で二〇の性格特性をとりあげて、大学の寮の同じ寮生のなかから、そうした性格の持ち主の名前を上げてもらった。そして、どういう性格とどういう性格が同一人物に認められ易いのかを検討した。

その結果、親しい友人の性格をとらえる場合、二〇の性格特性は、おおよそ五つのカテゴリーにまとまることが明らかになった。

第一のカテゴリーは、**外向性**。

話好きな－無口な、冒険好きな－慎重ななどである。

第二は、**温厚性**。

性質の良い－怒りっぽい、やきもちやきでない－やきもちやきの、などである。

第三は、**良心性**。

責任感のある－無責任な、几帳面な－ぞんざいな、などである。

第四は、**情緒安定性**。

泰然自若とした－神経質な、平静な－不安な、などである。

第五は、**文化性**。

美的感受性の鋭い－美的感受性の鈍い、教養のある－無反省な、などである。

私達は友人の性格を、このような五つのカテゴリーにもとづいて理解しているのだといえよう。

さらにノーマンはパッシーニと一緒に、まったく初対面の人の場合についても研究している。その結果によると、相手がまったく初対面の場合であっても、性格をとらえるために用い

ているカテゴリーの数やその内容は、親しい人の場合とほぼ同様だったのである。

そうなると、私たちは人と親しくなったからといって、より細かい、複雑なカテゴリーをもとにして、相手の性格を理解しようとしているわけではないことになる。

親しい相手であろうと、初対面の人であろうと、はては噂できいただけの人であったとしても、同じようなカテゴリーでもって人の性格を判断していることになる。

私達が行っている性格についての判断は、人が示す性格の特徴にもとづいているというよりも、自分の持っている性格のついてのカテゴリーにもとづいているようである。

そして、ある人の性格についてよくわかってくるということは、自分の持つ性格に関するカテゴリーの、どのへんに位置しているのかが、はっきりすることだということができよう。

67 人の知能をどう判断するか

暗黙の知能感

知能という言葉は、現代の社会ではかなり普及しているといえよう。小・中学校では必ず知能テストが行われている今日、その内容が正しく理解されているか否かは別として、子ども達やその親にとっては、やはり気になるものだといってよかろう。

知能の測定や、知能テストの結果の解釈にあたっては、それなりの専門性が必要であると考えられてはいるが、私達なりに、「知能」についてのイメージを、知らず知らずのうちに、作りあげているとしても、不思議ではあるまい。では、私達が人の知能を高いと思ったり、それ程でもないと思ったりするとき、一体何を手掛りにしているのであろうか。

ウィギンス、ホフマン、テイバーは、人が知能の高さを判断する際の、手掛かりの用い方に見られる、特有の傾向について検討している。彼らは、年齢や学歴が様々な一四五人の人々に、架空の大学生一九九人について、その知能の程度をたずねている。

この大学生について、高等学校の成績、社会的な地位を求める強さ、大学での自活の程度、国語の能力、責任感の強さ、母親の学歴、勉学の習慣、情緒的な不安の程度、大学での学期あたりの単位修得数、といった九種類の情報が、高低様々な組合せで与えられた。

知能の判断に用いる手掛かりが似ている人を、統計的手法によって分類したところ、八つのグループに分けられることが明らかとなった。それぞれのグループが重視した手掛かりは、第一グループは高校の成績、第二グループは国語の能力、第三グループは、上の二つに加えて、

責任感の強さと勉学の習慣、第四グループは大学での単位修得数であった。第五グループ以下は、ごく少数の人しか含まれておらず、特異な判断をする人々とみなすことができよう。
同じ人の知能の高さを、同じ情報にもとづいて判断する場合でも、人によってこれだけ手掛かりの用い方が異なるのであるから、結果としてなされた判断に、かなり違いが生じたとしても不思議ではなかろう。
これはおそらく、それぞれのグループの人々が、特有の知能についての考えかた——例えば知能は学業成績に現われるものだとか、性格や生活態度にも現われるものだとか——を持っているためだと考えられる。
そして、ウィギンス達によれば、こうした知能についての**暗黙の知能観**は、当人の知能や人格にも関連しているとのことである。ひとことで知能といっても、それによっていだくイメージは、人によって随分違うものといえよう。

68

黒人は迷信深いか

国民性に対するステレオタイプ

私達は世界の国々にたいして、それこそ様々なイメージを持っている。お国柄というものは、確かにあるかもしれない。しかし実際には、どの国の人々もそれぞれに個性的なはずである。だから、国名あるいは人種名だけから、人の性格や特徴を判断するのは早計といえよう。

ところが、私達はつい、アメリカ人は、とか中国人は、とか言ってしまいがちである。このように、ある人が、ある特定の集団のメンバーであるということから、その人に一定の見方をあてはめてしまうことを、**ステレオタイプな見方**と言う。

カーリンズ、コフマン、ウォルターズは、アメリカ人、中国人、イギリス人、ドイツ人、アイルランド人、イタリア人、日本人、ユダヤ人、黒人、トルコ人という一〇ヵ国の人々の印象について調査を行い、彼らの調査よりも三四年前に行われた同様の調査結果と比較している。

カーリンズらの調査の主な結果は、表にまとめたとおりであるが、三四年前と比べた場合、最も大きな変化は、ステレオタイプな見方が少なくなってきたことだそうだ。例えば、以前の調査では、黒人に対して、迷信深いが八四%、怠け者が七五%、と非常に多くの人が同じような見方をしており、少なくとも三分の一以上の人が一致していた特徴は、全体で二九を数えた。

ところが、カーリンズらの調査では、その数は二一に減っている。このことから、極端なステレオタイプな見方は減ってきているといえるだろう。

さて、ステレオタイプな見方の中味にも変化が見られる。最も大きな変化を示したのは、黒

表　国・人種ごとの顕著に指摘された性格特性と社会的特徴（Karlins ら，1969 より）

特徴＼国・人種名	アメリカ人	中国人	イギリス人	ドイツ人	イタリア人	日本人	ユダヤ人
物質主義的な	67	—	—	—	—	—	46
野心的な	42	—	—	15	—	33	48
家族のきずなが強い	—	50	—	—	26	23	19
保守的な	—	15	53	—	—	—	—
うちとけない	—	15	40	—	—	—	—
有能な	15	—	—	46	—	27	—
高度に民族主義的	—	19	—	43	—	21	—
知的な	20	—	23	19	—	20	37

（数字は％　いずれかの国・人種について，1/3 以上の人が指摘した特徴のみを取りあげた．）

人に対するイメージであろう。ここには、アメリカの三〇年のあいだの社会の変化が反映されているといえよう。

次にそのほかの大きな変化を見せた特徴について、取りあげてみよう。まずドイツ人では「無神経な」という見方がなくなり、「有能な」という見方が増えている。日本人については、「野心的な」というイメージが強まっている。ユダヤ人に対しては、「金銭づくの」「欲の深い」といった見方が減少し、「物質主義的な」という見方が急増している。トルコ人については、「冷酷な」というイメージが払拭されつつあるといえよう。

国際的な交流が盛んな昨今、これらのイメージも、さらに変化を遂げていることと思われる。それとともに、ステレオタイプな見方が減少していることが望ましいが、様々な利害の対立の生起が、新たなステレオタイプをもたらしているという可能性も否定できない。

69

大発見は時の運！

❀ 成功・失敗の責任帰属理論 ❀

私達が日頃、何気なく行っていることも、その結果がどうなるのかということについての予想にもとづいていることが多いものである。電機炊飯器にスイッチを入れることも、二〇分たったら御飯がたけるという予想にもとづいている。

ところで、二〇分後に御飯がたけていなければ、どうするだろうか。スイッチが入っていなかったのか、コンセントがはずれていたのか、停電でもあったのか、炊飯器が故障したのか。いろいろと原因を探ってみることだろう。

このように私達は、ふだんあまり意識してはいなくとも、自分の行動の結果についての予想を持っており、思わぬ結果が生じたとき始めて、改めてその原因を探ろうとするものである。

ところで、思わぬ結果とは、予想以上に望ましい事もあれば、予想に反して悪いこともある。ではそのようなことが起こった時、その原因について私達は、どのように考える傾向があるのだろうか。

ショウとスコルニックの次の実験をみよう。ジムという、ごく普通の学生が化学の実験をしていて、次のような四つの結果のどれかを生じた場合、その結果にジムはどの程度責任があると思うかを大学生に聞いている。

その結果とは、

A　誤って爆発を起こしてしまった

B　不快な臭いを生じた

C　大発見をした

D　心地良い香りを生みだした

というものである。

AとBは悪い結果、CとDは良い結果という

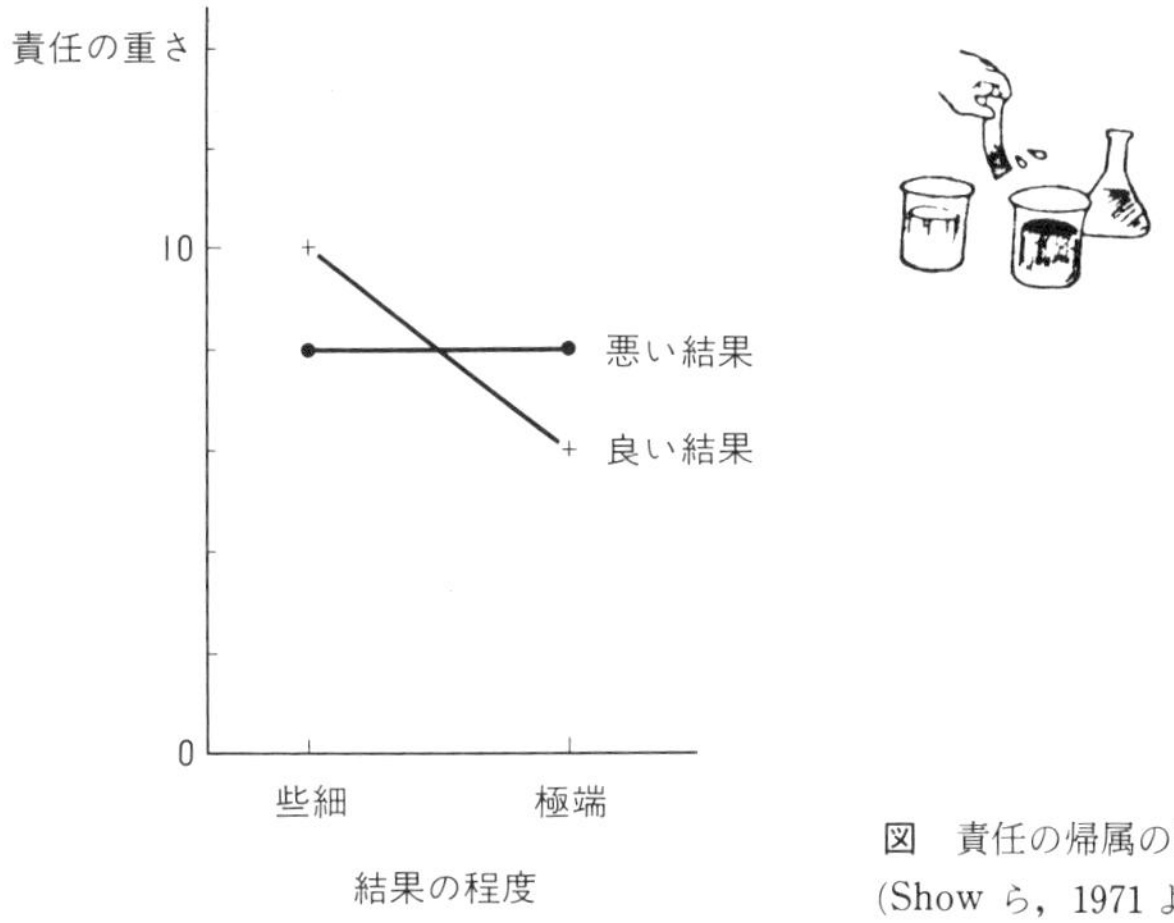

図　責任の帰属の強さ
(Show ら，1971 より)

ことになり、また、AとCは極端な結果であり、BとDは些細な結果ということになる。この実験の結果が図に示してある。

悪い結果が生じた場合では、ジムの責任の程度は、結果が極端であるかどうかには左右されていない。しかし結果が好ましい場合には、極端な結果については、ジムにはあまり責任はないとされていることが解る。大発見したジムはたまたま運がよかったということであろう。もちろん誰がそういう結果をもたらしたのか、ということも関わってくるであろう。しかし同じ思わぬ事が起こった場合でも、結果が好ましいものか、あるいはそうでないかによって、責任の問われ方が異なるということのようである。

人間の行為についての原因は、責任という形で問われることが多いのであるから、物理的な事象についての原因とは違った考え方をすることも、当然といえよう。

70 責任の大小は結果次第

❀交通事故の責任帰属理論❀

思わぬ結果というものは、私達の日常生活の中では、ある程度つきものである。しかし同じ思わぬ結果でも、事故となると、事は重大である。新聞紙上でも事故の結果が重大であるほど、大きく取り扱われることとなる。

また、法律上も、結果が深刻であるほど、重い罪に問われることになる。社会通念上、あるいは社会制度上は、結果が重大であるほど、重い責任が課せられることになると考えてよかろう。

さて、こうした常識は、私達の心情を適切に表わしたものと言ってよいのであろうか。ウォルスターーは、自動車事故の責任についての判断を研究している。

実験ではレニーという青年が中古車でドライブにでかけ、丘の上に止めておいた車が暴走するという状況が設定された。レニーの同乗車は、レニーがハンドブレーキをかけたことを確認しているが、事故の後で車を調べた警官は、ブレーキワイヤーがさびついていて、切れても仕方なかったといっている。

さてレニーの車が暴走した結果ということで、四つの場合が、別々のグループに知らされた。

(1) 車は、そのまま走って行けば、大木に衝突するところだったが、途中にあった木の株にぶつかって止まり、バンパーが少しへこんだだけであった。

(2) 車は、そのまま走って行って、大木に衝突し、大破した。

(3) 車は、そのまま走って行けば、下にある店に飛び込むところであったが、途中に

あった木の株にぶつかって止まり、バンパーが少しへこんだだけであった。

(4)　車は、そのまま走って行って、下にある店に飛び込み、そこにいた子どもと店主にけがを負わせた。

それぞれの場合について、レニーにどの程度の責任があるかという**責任の帰属**を尋ねたところ、結果が重大であった(2)と(4)の場合は、結果が軽微であった(1)と(3)の場合よりも、責任は重いと判断された。

さらに、レニーの「道徳的」な責任についても、やはり事故の結果が重大な場合ほど、大きかった。

ただし、(2)と(4)の間には、どちらの判断の場合でも大差はなく、人身事故かどうかは、責任の大きさの判断にはあまり影響を与えてはいないようであった。いずれにせよ、結果がどうであったかは、当事者の責任の大きさの判断に影響するということができよう。

71

自己評価の高い人ほど他人に厳しい

❀ 行為の因果関係の推測 ❀

私達の生活において、成功や失敗はつきものである。毎日作る料理の出来具合いから、試験の成績、競馬や麻雀、はては新製品の売れ具合まで、うまくいったか、だめだったかが問題となる。だから、成功や失敗に影響を与える物事には、関心を持たざるをえない。しかし、成功や失敗に影響を与える物事すべてが、前以って分かるわけではない。だからこそ、思い通りにいった時も、そうでない時も、結果から原因について推論しようという態度が生ずるのであろう。

ところで、成功や失敗の原因についての考え方は、人によって異なる。何事も運命だ、と考える人がいる。物事をなし遂げることができるかどうかは、その人の努力次第だ、という人もいる。そもそも能力がなければ、いくら努力しても限界があるのだから、と思う人もいれば、高望みをしなければいいのだと納得している人もいることだろう。

このように人の**行為の因果関係の推測**には、運や目標の困難さのように、行為する人の外にあるという意味での外的要因と、努力や能力のように、行為する人自身に関わっている内的要因とに分けることができる。そして、どちらの要因を成功や失敗の原因とみなしやすいかということには、人が自分自身を高く評価しているか、低く評価しているか（自己評価）が、密接に関連しているといわれている。

鹿内は、他の人の成功や失敗についての原因の推測の仕方に、この自己評価がどう関係するのかを検討している。それによると、自己を高

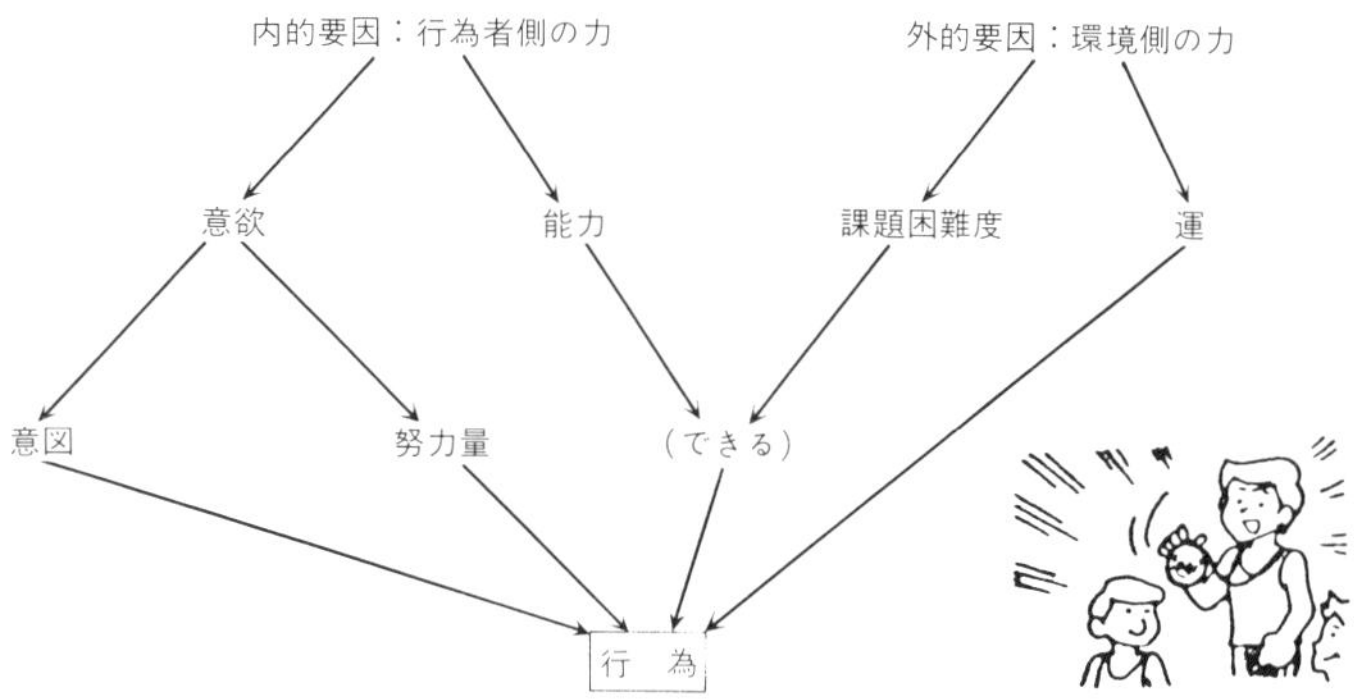

図　ハイダーの行為の因果関係の分析　　(Heider, 1958 より)

く評価している人は、他の人の失敗を、その人の内的要因のせいにしがちであった。

しかし、自己評価の低い人は、他の人の成功をその人の内的要因のせいにしがちで、特に自分が失敗した場合には、その傾向が強く現われていた。

一般には、他の人の成功や自分の失敗が、より能力のせいにされやすく、逆に、他の人の失敗や自分の成功は、運のせいにされやすいという傾向がある。そして、自己評価の低い人は、この一般的傾向をより強く体現しているように思われる。

他方、自己評価の高い人は、評価される人にはあまりこだわらずに、むしろ結果のみについて率直に評価しているように思われる。

いずれにせよ、人の行為の因果関係の推測には、物理的な現象の場合とは異なって、曖昧な点が多く、その分だけ、その人その人の個性が反映しやすいのだといえよう。

72

表情判断練習器

表情認知の七つのカテゴリー

「そのとき口をへの字に曲げていた」。
「彼女は目をキラキラと輝かした」。
「まぶたがピクピク動いていた」。

このようなある人の表情の変化を聞くと、私達はそのことから、単なる顔の変化を知るのではなく、その人の心の状態を推察する。

口をへの字に曲げていると聞くとその人が苦悩や困惑状態にあると思う。目が輝いていると聞くと喜びや期待に胸をふくらませていると思う。また、まぶたが不自然に動いていると知るとその人がかなり緊張状態にあることを察する。

このような人の顔面表情の変化からその人の心の状態を推察することを**表情判断**という。

表情判断は私達誰もが日常の生活のなかで行っていることで、私達は人の顔色をみながら、表情をみながら対人関係を進めている。

このような表情判断を日常行っているということは、私達の心の状態、特に感情的側面は顔や動作に表われ、心の状態と表情や動作の間には強い関連があるということを知っており、私達はその人の心の状態を表情や動作から知ることができると確信しているからである。

ところでほんとうに私達は表情から正確に相手の心理を読みとることができるのだろうか。

多くの心理学者が、表情判断の正確さについて研究している。顔のイラストや表情の写真、最近ではビデオを用いて研究が進められている。その結果、写真などによる表情判断は細かい感情や情緒を区分できないが、基本的な情緒の区分はかなり正確にできるとされている。

エックマンはこのような基本的情緒の表情表

		写真の表情を右記の情緒の表れであるとした人の比率の国際比較					
		アメリカ	ブラジル	チリ	アルゼンチン	日本	ニューギニア
	恐怖	85%	67%	68%	54%	66%	54%
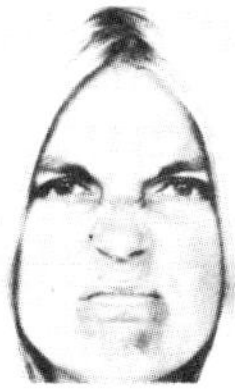	嫌悪	92%	97%	92%	92%	90%	44%
	幸福	97%	95%	95%	98%	100%	82%
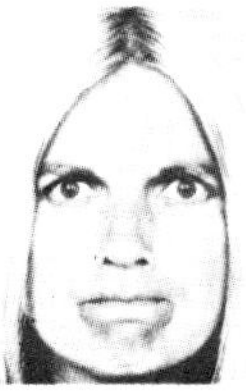	怒り	67%	90%	94%	90%	90%	50%

図　表情判断の国際比較（数字は写真を左側情緒と判断した人の%）

（Ekmanら，1975より）

153　表情判断練習器

出の仕方は、人類にとって普遍的なので、文化を越えて、正確な表情判断ができると考えて、表情判断のクロス・カルチュラルな研究を行っている。

エックマンは**基本的情緒**として、

A　幸福
B　嫌悪
C　驚き
D　悲しみ
E　怒り
F　恐怖
G　関心

の七情緒であるとし、これらに対応する基本的な表情変化があるとしている。

そこでこの基本的情緒を表わす純粋な表情を写真に撮り、これを文化の異なる六つの国の人に見せ、表情判断の調査を行った。

その結果、上記のようにほとんどの情緒について文化を越えて高い正答率が得られた。この結果から、表情表出は国や文化を越えて、人類に普遍的であることが裏付けられ、その判断に高い一致があることが分かった。

さらにエックマンは、人の日常におけるさまざまの表情表出は基本的表情変化の混合であると考え、表情判断は表情変化の法則を学習することにより、より正確に判断できるようになるとした。

そこで表情変化の教則本と訓練用手動式八ミリフィルムを作成し、表情判断上達学習システムを開発している。

第6章
タテ・ヨコ・人間関係の心理

大坊郁夫

73

気づきから相互関係まで

人と人の結びつきの三段階

私達は数多くの人のなかから特定のある人と知り合い、友人に、また恋人に、夫婦になる。このような人間関係が成立し、発展するプロセスはいくつかの段階に分けて捉えることができる。どのようなプロセスをたどるのであろうか。

レヴィンガーはこれを三段階に分けている。

(1) **気づきの段階** 見知らぬ者のなかである特定の二人が知り合いになるには、まずその他大勢の人とは違う何かが手がかりとして必要である。たとえば大学のサークルや文化センターの会で、自分の隣りに坐った人とあいさつを交わしたり、面白い発言をした人に興味を持ち、話しかけたりする。これは人間関係のチャネルをその人に向ける気づきの段階である。この段階では一方的なコミュニケーションがあるだけで、相手の応答は不十分である。いずれ自分に興味を持ってくれることを期待して働きかける。

(2) **表面的な接触の段階** 接触のチャンスが増えると、表面的なものであれ、相手も応答し、その情報を得ることができる。この段階では役割にもとづいた形式的な相互作用が主で、双方にとって先の見通しはあまりない。

(3) **相互関係の段階** 自分の期待通りに相手が対応してくれると、一層相手に魅力を感じ、役割上の働きかけ以上に親密な関係を作り上げていこうとする。そして、相手もこの意図を受け入れ、互いの態度や価値観などが一致し、共通の約束事を作ることができるようになると、二人の関係は多少のことではゆるがない確固たるものとなる。この段階での関係は、双方が相手の価値を認め、配慮するのに応じて一層強く安定していく。

表　レヴィンガーの人間関係進展の三段階とそれを促す条件

関係進展を促す条件		
接近（0→1）	**親和**（1→2）	**愛着**（2→3）
1 空間的な近さや雰囲気，その他の環境要因 2 社会的距離の短さ 3 相手への興味（親和欲求など）	4 時と機会 5 相手の外見的魅力 6 相手との一致した方向づけや返報性の可能性についての認知	7 相手を好きになること，これまでの関係への満足 8 役割による相互作用をさらに拡大するような条件 9 相互作用で経験した結果について話し合う 10 相手に合せて自分の行動を調節し，共通の規範の作成 11 態度，価値観，要求の一致

このように、人間関係は一方的な興味に始まって、相互の配慮へと進展していく。その原動力は自分の働きかけに対して、相手が反応するであろうとの期待である。

さて、現実には、表面的接触の段階で、相手の形式的な応答を好意と誤解して性急な働きかけを行い、ひんしゅくを買ってしまい、相手にそっぽを向かれてしまうなどという場面は、若い男女に限らず時々起こることである。

また、表面的接触から相互関係の段階に入っても、相手に応じて自分の行動を調節できなかったり、相手への配慮が足りずに、その入口でとどまり、なかなか一体感を持ちえないまま、二人の関係が危機に頻することも少なくない。

このことは、結局、人間関係は順を追って進展し、しかも相手の目を通して自分に気づくという**相互性への理解**が足りないために生ずるのである。常に、自分の持っている人間関係がどの段階なのかをチェックしてみる目が必要である。

74

誰に心を開きますか？

❀ 自己開示性 ❀

多くの人々は偶然に顔を合わせることがあっても、言葉を交わすことなく散っていく。意識的に相手を避け合うこともあろう。また、ある人々は互いに話し合い、私的な考えや感情を打ち開け、深い絆を求め合う。

人は相手に応じて〈なに〉を、〈どの程度〉話し合うか、合わないかの暗黙のルールを持っていると言えよう。

アメリカのジェラードは、自分についての情報を他人に伝える行為を**自己開示性**と名づけ、自己開示を親密さの表現としている。

ジェラードの方法を用いて身近な人々に対して、様々な事柄、たとえば自分の長所・短所、健康状態・学校生活などについての自己開示性を日本の大学生で調べてみた研究がある。大坊と岩倉によると、日本の大学生の開示する相手としては、男女ともに同性の友人が最高で、次いで母、年上のきょうだいが続いている。さらに女性では、年下のきょうだい、父と続く。男性でもほぼ同様だが、年下のきょうだいよりは父や異性の友人に対しての開示が高くなっている。また女性の方が相手に応じて開示量の変動が大きくなっている。

ウェストとジンゲルの研究をみると、アメリカでも同性の友人、母への開示が高く、これに父、異性の友人が続き、概ね大きな文化差はない。しかし、日本の場合には全般的に自己開示性は低く、アメリカ人に比べて自己の内面的経験について率直には表明しない傾向、すなわち私的な世界を固く守る傾向がみられる。

欧米では言葉を通して自分を主張することが社会的に望ましいとされているが、日本人には

希薄になったとはいえ、まだ「胸におさめる」ことを善しとする風潮が残っていることを示している。

また、日本の場合、母と父の差が大きく、母親への結合度の高さと父親との距離の大きさは、日米の文化差といえる。母性的なものへの依存性が日本の一つの文化的背景であるとの見解を裏づける結果といえよう。

さて、男性は自分を内に秘めようとするのに比べて、女性は全般的に自己開示性が高く、他人志向を率直に表明するものと捉えられる。しかし、女性は先輩・先生・後輩などの人物に対する開示は男性より低くなっている。いわば、同族的な者に対しては積極的な接触を望むのに対して、公的な、そとの人物に対しては、閉鎖的で防衛的な態度を示しやすいのである。女性は男性よりも相手との間にある親密さに敏感に反応すると考えられる。

75 権威主義的人間

❀オーソリタリアン・パーソナリティ❀

権謀術数に長けている人、自分の目的のためには人を人とも思わない人があなたの囲りにいないだろうか。自分は少なくともそんな冷酷な人間ではないと思っているだろう。

だが、世の中にはヒトラーやマキャベリほどではないにせよ、自己中心的で権力志向の人達はいるものである。

アドルノらは、このような潜在的にファシスト的な人、反民主主義的な宣伝に左右されやすい人の心理構造に関心を向け、**権威主義的なパーソナリティ**を組織的に研究した。彼らは九種類の特徴を挙げている。

(1) **保守主義**　伝統的に受け継がれてきた諸価値や行動様式を無批判に受容し、それに従った行動をとる傾向。

(2) **権威主義的服従**　自分の属する集団が理想としている道徳的・政治的権威に対して何らの批判的な眼を持たず、進んで服従する傾向。

(3) **権威主義的攻撃**　伝統的に受け継がれてきた諸価値に反する人間を警戒し、これを非難、排除し、罰しようとする傾向。

(4) **反内省的態度**　自分の意識・行動について注意を向けたり、吟味しない傾向。および主体的で柔軟な精神を否定する傾向。

(5) **迷信とステレオタイプ**　個人の運命が神秘的、幻想的なものによって決まるという信仰と、型にはまったカテゴリー的な考え方。

(6) **権力と剛直**　権力を重視し、権力者への自己同一化を示す権力コンプレックスと心身両面にわたるタフさを信奉する。支配-服

従、強者‐弱者、指導者‐信奉者という次元で人間を判断する傾向。

(7) **破壊性とシニシズム**　人間的であることの建設性を否定する人間不信と悪意をもつ傾向。

(8) **投射性**　粗野で危険な敵意などが世間一般の人々の無意識のなかにもあるとみなす傾向。

(9) **性への態度**　性的な「行為」への誇大な関心と一般的ではない性（同性愛など）への強い否定的態度。

権威主義的な人は権力を持たぬ者に対しては命令的で、権力者となり、逆に自分が従属的な立場にあると一転して権威に従順となり、服従的な役割を当然のこととして担うのである。

社会の隅々まで競争原理が侵透し、他人との交流が乏しく、機械化の進む現代は、より権威主義的な人を生み出すのではなかろうか。

76

男の視線、女の視線

古くから、「眼は口ほどにものを言い」と言われているように、視線は人と人とを結ぶ大事なコミュニケーション手段である。人は身振りや表情など音声以外のほとんど全てのコミュニケーション情報を眼を通して受けとっている。

相手に視線を向けることは、人間関係を持つ意図のあることを伝えることになり、言葉による伝達を補う意味を持っている。恋人同士は、お互いに視線をそれほど意識しているわけではないにも関わらず、ただ見つめ合うだけで長い時間を過ごす。それは強固な結びつきを示しており他人の介入を許さない。**視線接触**は親密な感情を伝え、しかもそれは無意識的なメッセージであることが多い。

アーガイルとインガムは、男性同士、女性同士、そして男女間の視線行動を比較している。

視線接触の増減

それによると、二人がともに相手を見つめる時間の割合は女性同士で最も多く、男性同士で最も少ないのである。そういえば、女性が往来でほんの短い時間にすれ違った人の服装などをいかによく見ているかに驚かされる男性も少なくないであろう。

ところが男女間では、男性の視線は活発になるのに、女性は不活発である。なぜ同性の場合と違うのであろう。実は視線を向けるということは、自分が相手に見られて内面を知られる可能性が高まることにもなる。自分がどう評価されるのかという懸念につながるのである。女性は相手が男性の場合には、この懸念が強まって視線を避けていると思われる。一方、男性は自分の関心をストレートに女性に向けるのである。

ところが、日本の男女間では、アーガイルら

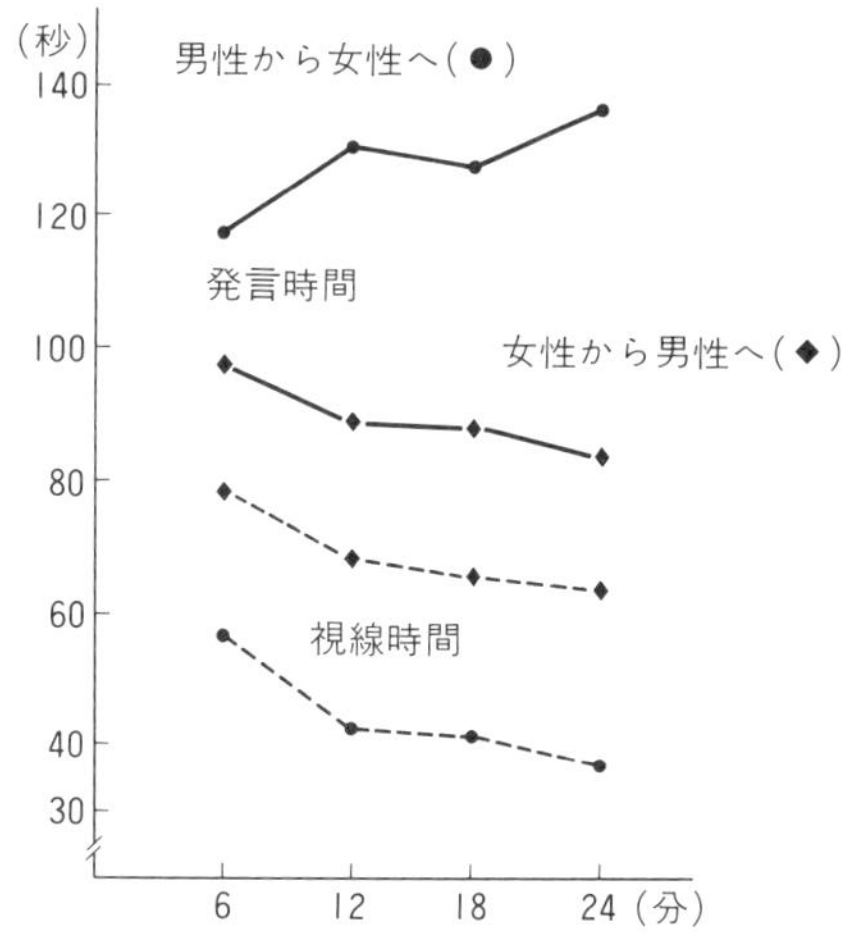

図　男性，女性の発言，視線時間の推移

(大坊，1982より)

の結果とは違った特徴を示している。男性の視線が減るのに、女性は、むしろやや増えるのである。日本の男性は、感情的な面では自分を伝えることが素直にできないのであろうか。他方、同時に測定した言葉を用いるコミュニケーションは女性より男性が活発なのである。したがって、コミュニケーションの分担が男女で異なっていることになる。

男性は意図的・意識的な働きかけに、女性は感情的・無意識的な働きかけにウェイトをおいていると言えよう。だから女性はちょっとした視線やしぐさに敏感でもあるのであろう。それで相手にもつい、それを期待してしまう。ところが男性は感情を伝えるコミュニケーションに無器用なぐらいだから、女性の働きかけにもあまり気づかない。女性としては、この鈍い男性に腹を立ててしまう。人間関係をうまくやっていくためには男性もこのさりげないコミュニケーションをもっと身につける必要があろう。

77 パーソナル・スペース

❀ 二人の間の距離の調節 ❀

パブでグラスを傾けている時に、後からきた客が自分のそばに座ると、少し膝送りして他人との間に一定の距離をとろうとする。恋人同士であれば、他人からなるべく離れたボックスへ向かい、並んで座ることが多いものである。身体の接触が可能で、非言語的コミュニケーションの感情を濃密に伝え合うことができ、言葉のいらない愛情確認ができるからである。

もし、見知らぬ人が自分の隣りにやって来て、少しの間も置こうとしないで近づいてくるならば、多くの人は非難の視線を向け、ついには立ち上がって別の席を探すであろう。

このようにわれわれは、相手との関係によって、二人の間の距離を調整している。しかも、案外自分では気づかずにそうしているのである。親しい間柄では近い距離が許されるが、疎遠な場合や公的な関係では許容される距離は遠くなる。ソマーはこれを**パーソナル・スペース**という概念で説明している。これは、個人の身体のまわりにある境界線で囲まれた領域を指し、身体を中心とし、持ち運びできるテリトリーである。相手との関係によって伸縮自在だが、その境界線から相手が侵入しようとすると強い情動反応が引き起こされる。

これは眼に見えない身体の延長なのである。たとえば、一五センチの近さは恋人などでのみ許されるもので、上司と部下などが仕事の話をする場合は、概ね一・二～二・一メートルが妥当である。

さて、田中は、男子学生を被験者とした実験で**パーソナル・スペースの異方性**を示している。左右については対称的で、正面から後方へは気

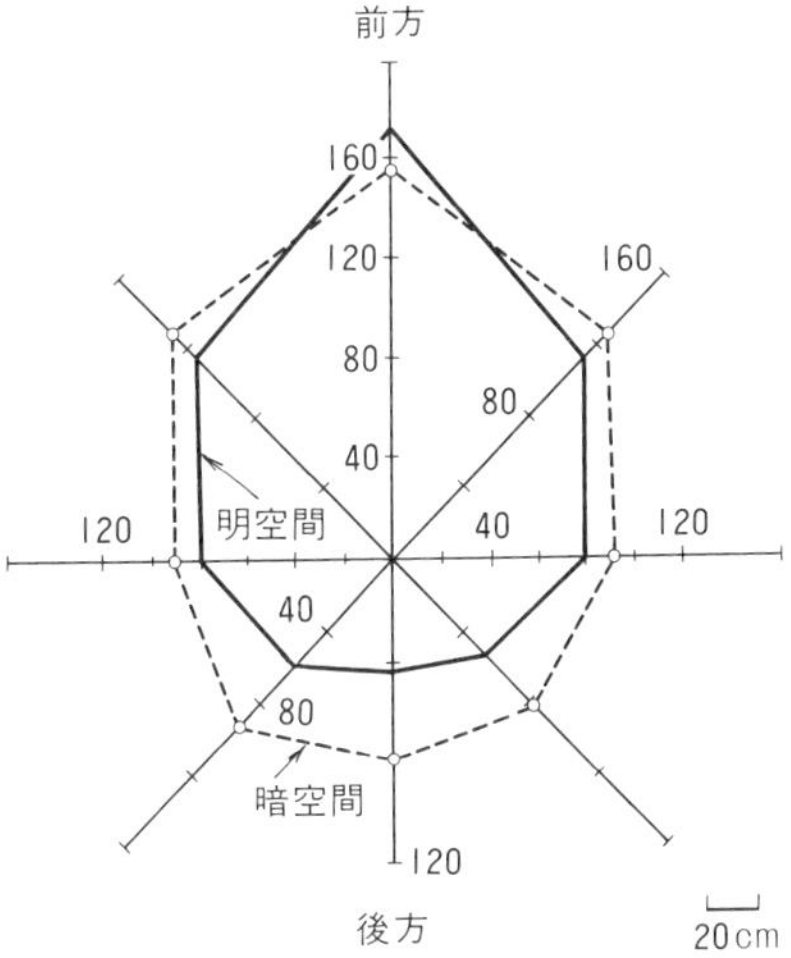

図　接近距離で示したパーソナル・スペースの異方性

（田中，1973より）

づまりと感ずる距離は順に短くなる。つまりスペースは身体の前方に長く、後に短い卵形である。前方は、他者の存在を最も敏感に感じうるので、その緊張のために最大の距離がとられると考えられている。

ヘイダックによると頭を前方にのみ向けさせると後方の距離がごく短くなるが、頭の向きを自由にするとほぼ正円に近い型になるとされている。この型は洋の東西を問わず同じである。

なお、パーソナル・スペースは個人差をも反映する。外向的な人より内向的な人ほど大きなバリアを築きがちである。男女を比較すると、男性に比べて女性のスペースは小さく、男性は前方により長い距離をとるのに対して、女性は側方からの侵入に敏感であるなどの報告がある。男性は社会的な競争に敏感で、主たる攻撃の方向である正面にバリアを築くのであろう。女性は、一般に他人への親和性が強く、それでやや正円に近くなると考えられる。

78

二人の間のシンクロニー

❀ 会話の同調傾向 ❀

ベンチに座って話している恋人同士。いつの間にか二人とも同じ姿勢をとっていることに気づくことがある。

発言時間・速さ・音声の強さ、沈黙のおき方などのパターンについても、次第に相手に似ていく現象が知られている。

この現象をマタラゾらは**シンクロニー傾向**（同調傾向）と名づけている。

彼らは、面接場面でのカウンセラーの発言時間を意図的に変えて長くすると、クライエントの発言も長くなることを見出している。

面接場面は、クライエントにとってはあまり経験のない状況なので、適切な行動の仕方を十分には知らない。

そのために、経験があると思われる相手のカウンセラーの行動を模倣することによって、自分の行動の枠組みを得ようとする、と考えられている。

さらに、自分の発言に応じて相手が応答すると、それを自分への関心の表われと捉え、心理的に満足する。

自分にとって相手の発言は、一つの報酬としての意味を持つのである。したがって、カウンセラーの発言が長くなると、クライエントの発言も長くなる。

さて、この現象は他の場面でも広く認められている。レイとウェッブは、大統領の記者会見時に大統領の答弁と記者の質問時間との間にもシンクロニー傾向があると報告している。

ところがこの傾向は分裂病患者では見られないのである。

また年少児でも見られず、年長児になるとみ

られることなどから、人に対する共感性や社会化の程度を反映するものと考えられている。

また母親の動作や姿勢・発話と、乳児の身体の動きとの間にもシンクロニー傾向が認められており、この現象は相手を受け入れ、対人関係の親和性を反映する重要な手がかりとなっている。

だからある二人のしぐさや話し方が似てきたら、互いの心理的距離はかなり縮まってきたとみなしていいであろう。

これを文化人類学者のホールは、対人関係を発展させるために備わっている人間固有の**対人的リズム**と述べている。

対話不足といわれる現代、親が子どもにもっと話しかければおのずと子どもも応じ、互いの満足が得られるはずである。

79

目は口ほどにものを言い

❀視線の親密性平衡モデル❀

他人に自分の意志を伝える場合、先ず頭に浮かぶものは言葉である。言葉は意図的で、意識的にコントロールしやすいコミュニケーション手段といえよう。

その他のコミュニケーション手段としては視線、身ぶり、姿勢、顔面表情などの身体動作や相手との距離のとり方などがあり、これを状況に応じて使いわけている。これらのチャネルは**非言語的コミュニケーション**と総称されており、それぞれ用いられ方が異なり、機能の違いが考えられる。

例えば、会話時に、自分が話している時には相手にあまり視線を向けず、自分の話が終わる頃に視線を向け始め、相手が話す様を見つめることが多い。これらの各チャネルは相互に独立なのではなく、関連が予想される。

アーガイルらは、この点に関して、相手との親密性は一定のバランスを保つものであり、もしそれが損なわれると、一定のレベルに戻そうとしてコミュニケシーョン行動が変化することを見い出しており、これを**親密性平衡モデル**と呼んでいる。彼らは視線行動を主としてとりあげ、このモデルについて次の諸点を挙げている。

A　接近と回避の力　接近の力とは、相手に視線を向けることによって自分の行動についてのフィードバックを求めることや相手との関係を強固にしようとする親和的な欲求によるもの、回避の力とは、見られることによって、自分の内的状態が相手に知られるのではないかとの恐れであり、また相手の示す拒否的な反応を知りたくないとの動機によるものである。

B　親密さ　視線の量には、相手との親密さ

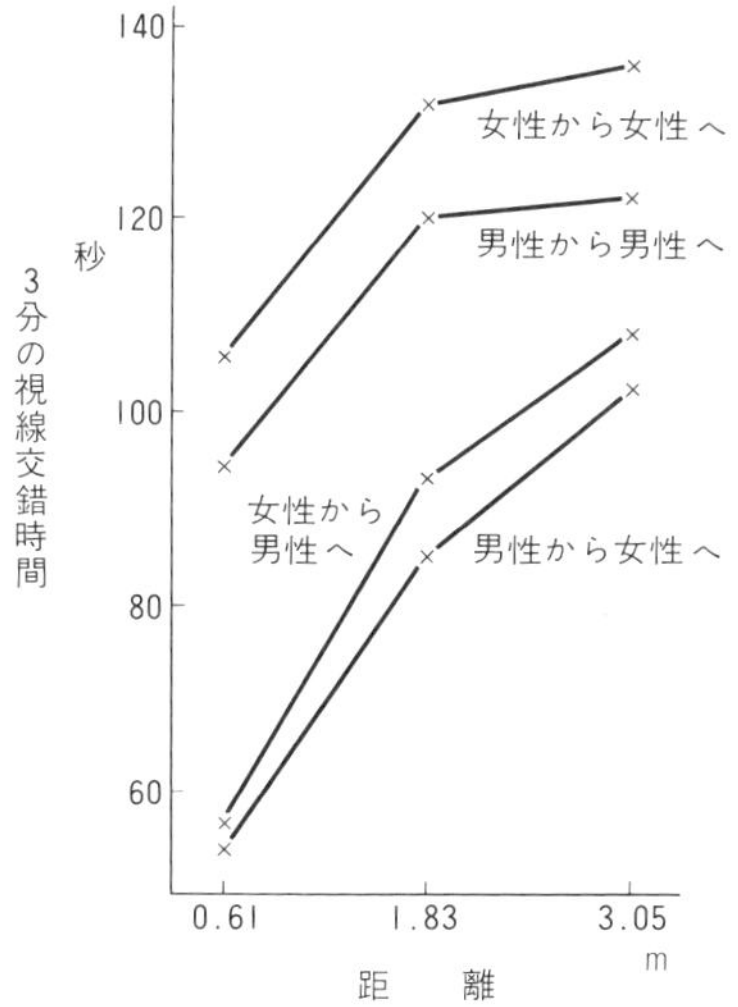

図　二人の間の距離と視線時間との相補性

(Argyle ら, 1965 より)

の程度に応じた均衡点があり、そこからずれると不安が生じ、その不安を低減するために視線行動が変わる。

C　他のチャネルとの関係

この均衡関係は、他のチャネルにも当てはまる。しかも、あるチャネルが変化し、その次元だけでは均衡をとることが難しければ、他のチャネルも変化する。例えば、話題の親密さが一定で、相手との距離が遠くなると、視線が増える傾向がある。

この他、二人のパーソナリティの類似性を考えると、パーソナリティが似ていないと、相互理解の必要があり、一種の緊張が生じ、それが意図的な働きかけとしての発言を促す。一方、類似している同士では、この緊張が少なく、自由でいられ、むしろ親和性の表現としての視線が活発になることが知られている（大坊）。

このように、状況に応じて、用いうるチャネル間で自分のメッセージを分配して他人との関係をバランスのとれたものにしているのである。

80 偽りを見抜く法

コミュニケーション操作と身体的変化

身ぶり、視線などの非言語的コミュニケーションは、感情伝達の働きを持っている。と同時に、自分の感情をいつでも正直に表わすとは限らない。

「顔で笑って心で泣いて」と体面を取り繕って他人に伍していかなければならないことも現実にはままある。

しかし、夫との間に距離を感じ始めた妻が、友人に「うちの人はやさしいのよ」と言いながら、伏し眼がちになったり、顔の表情に硬さが見られるなど、言葉と動作の間に矛盾が生じることも珍しくはない。

ところで、意図的に他人を欺こうとする場合には、特徴的な行動の変化がある。

欺く人は偽りのメッセージを相手に伝えるとともに、相手からは自分が誠実であると思われようとする。それゆえ、このくい違いに羞恥心が生じ、偽ろうとする情報と同様に、羞恥心を隠そうとする動機も働く。したがって、コミュニケーション操作を要することとなる。また、偽りのメッセージと自分の本心とのギャップを意識し、それを埋めようとする行動もとられるので、この点からも何らかの特徴があると考えられる。

一般に、胴や手、脚などの身体は、顔面や音声の調子よりも制御し難く、いわば嘘が洩れやすいチャネルとして知られている。

オヘアらは、さくらの面接者の問いかけに対して、被験者に偽りの応答を行うよう指示し、指示直後、偽り直前、偽りの応答時、その後の応答の各時期の諸々の非言語的な行動を記録し、本心を答える条件の行動と比較している。

嘘をつくよう指示を受けた後では会話の途切れに敏感になり、すばやく応答しようとし、また柔軟さも乏しくなり、姿勢までこわばる。さらに、いよいよ嘘をつく時が近づくと、一段と迅速な発言を心がけるものの、一回あたりのメッセージは短くなり、笑いも減少する。そして、指をもて遊ぶなど、自分の身体を無意図的に触わること、相手の発言を肯定する頷きなどが多くなっている。

このように、自分の本心を隠して相手に接する場合、嘘をつく前にいろいろなサインが出るようである。

なお、矛盾を含んだメッセージが与えられると、顔の表情が優先して解釈されることや女性は男性よりも、矛盾したメッセージを否定的に受けとること、男性に比べて女性はコミュニケーションを読み取るのに敏感であることが知られている。

81 コミュニケーションは高きに流る

❀組織内コミュニケーションの上向性❀

会社を始め、町内会や大学のサークルなど、社会的な集団では、それに応じて何らかの役割分担や地位の分化がある。そして、その集団の目標や活動の進め方によっては、あらかじめ命令系統や横の連絡関係が決まっていることも多い。

ある集団のメンバーを高地位者、低地位者に分けて、各々の働きかけの度合いを比較すると、働きかけの流れに特徴のあることが分かる。

ハーウィツらは実際に精神衛生の仕事に就いている人々を集め、あらかじめこの参加者の社会的名声を調べておき、その高・低にもとづいて六名ずつの集団を作った。その六名集団で精神衛生に関する諸問題をテーマとする会議を行い、各人の発言の長さや頻度を測り、また参加者間の好意度や影響力に関する質問紙への回答を分析した。結果は次の通りである。

(1) 自分に頻繁に話しかけてくる者に対しては、応答も多くなる傾向がある。

(2) 高地位者の発言は低地位者よりも多い。

(3) 低地位者は、同じ低地位者に向けてよりも高地位者に向けて頻繁に話しかける。したがって、高地位者の方がコミュニケーションを多く受ける。高地位者は情報授受のセンターの役割を担っている。

(4) 低地位者から高地位者への好意度が最も高く、高地位者から低地位者への好意度は低い。

高地位者は、他者に影響する力を持っているので、一般に低地位者は高地位者から好意を向けてもらおうとし、また、自分が損なわれることになりはしないか不安感をもち、自分を防衛しようとする。したがって、低地位者は高地位

者に好意を示し、また相手に社会的承認を与えるために、より多くのコミュニケーションを向けることになる。一方、高地位者は、防衛的となる必要はなく、心理的に安定しており自由に発言できる。他者への影響力を持つ者として意見を述べることが多く、しかも同じ高地位者に向けた発言が多くなっている。

なお、ケリーはこの**上向的コミュニケーション**は、実際の地位上昇に代わる代償的な行為であるとの見解を示している。すなわち、高地位者とコミュニケートすることによって、一種の代理的な報酬を受けるとみなしている。

ケリーの実験では、低地位者から高地位者に向けたコミュニケーションは好意的で、しかも仕事に関連しない〝無駄〟話が多くなっていた。

集団のなかでは地位は容易には変えられない。その場合に低地位者は高地位者への願望と我が身を守るために、コミュニケーションは高きに流れるのである。

82

山あらしのジレンマ

対人間の心理的距離の葛藤

　冬のある日、二匹の山あらしは、互いに身を寄せ合って寒さを避けようとした。ところが、身を寄せ合うと棘でお互いを傷つけてしまう。それで何度も近づいたり、遠ざかりながらついに相手をそれほど傷つけることなく、暖め合える距離を見い出したのである。

　これは哲学者ショーペンハウエルの寓話として有名である。この短い話は、密接な人間関係のあり方の理想を考えさせるものである。過密な現代において、人は仕事のうえでも、私的な生活のなかでも数多くの人と多様な人間関係を持っている。したがって、現代人は、どれだけの暖かみを、お互いを傷つけることなく共有し合えるのか、心理的な距離をどうとったらいいのかという**山あらしのジレンマ**の悩みに陥りやすくなっている、と精神分析医のベラックは指摘している。

　近代から現代にかけての社会変動のなかで、社会的役割や価値観の変化、多様化が進み、一定の距離を保つことができる規準があいまいになってきている。そのために、相手との関係に応じて習慣化していた距離のとり方ができず、むやみに接近しすぎて誤解を招いたり、感情的な反発をなしたりと、山あらしジレンマになりやすい状況が作られていると彼は考えている。

　最近の日本の社会現象として、若者たちの閉塞性がある。友人との交遊さえ避け、一人コンピュータゲームに興じる姿、ウォークマンを離さない青年、部屋に閉じこもったままの高校生。喫茶店で一人一人が雑誌に見入り、会話らしい会話のない時をすごす数人連れの大学生達。どうも近づきすぎて傷つけることを避けるあま

り、関わり自体を避けることを、このジレンマへの対応として頻用しているようである。これは、人間関係を希薄化させるものであって、ぬくもりまでも退けてしまっているようである。
ベラックは、つきあいの数は多いものの、表面的で浅い人間関係しか持てない人が目につくと述べている。
ベラックによれば、このような人は内的緊張感に苦しんでおり、多くの人と会うことによって、絶えず外からの刺激を受けることでその緊張感を紛らわせている。だから、誰とも長い時間一緒にいることができないのだと述べている。現代は、このような浅い関係しか持てずに、このジレンマに悩んでいる人が多くなりつつあると指摘している。また、彼は山あらしジレンマにうまく対処するには、**エッグ・ヘッド**であれと主張している(エッグ・ヘッドとは、知的で柔軟な思考をし、あいまいさへの耐性が強く、ユーモアのセンスをもっていることをいう)。

83

人生のかけひき

❀ 囚人のジレンマ事態 ❀

二人の共犯者がいる。

彼らは巧みにある犯罪を行い、しかも物的証拠も残っていない。しかし、状況証拠から、二人は容疑者として取り調べを受けることになった。捜査官は何とか自白させようと試みる。それで、二人を別々に取り調べることにし、次のような取り引き条件を示した。

「もし先に自白したならば、五カ月の徴役ですむが、相手が先ならば一〇年の刑になるだろう」と。

但し、二人とも共犯を自白すれば、減刑されて五年の刑になること、黙秘し続ければ、銃の不法所持で徴役一年ですむことを、彼らは知っているのである。

あなただったらこんな時どうするだろうか。お互いに信頼していれば、黙秘を貫き一年の刑ですむが、もし自分が自白しないで相手が自白したら、自分は重い刑に服さなければならない。逆に自分が先に自白したら……。しかも共に自白した場合でも相手に裏切られるよりは短い五年ですむ。背信への強い誘惑の生ずる場面である。これを囚人のジレンマ事態と呼んでいる。

ゲーム場面で実験的に、ジレンマ事態を作ると、背信の誘惑が強く働くようで、なかなか相手を信ずる事態が続かず、半数以上の人が両者とも自白の**共貧の落し穴**にはまり、抜け出せなくなる。なぜなら、相手も協力（黙秘）の選択肢をとらない限り、自分が先に協力すると、相手に有利な条件を提供することになるからである。

相手と協力して共存共栄を図ろうとする動機と自分の利益を優先しようとする競争的な動機

B氏

A氏	黙秘	自白
黙秘（協力）	1 / 1	5 / 10
自白（競争）	10 / 5	5 / 5

（数値は受刑年数）

図　囚人のジレンマ・ゲームの一例

とがあるが、一般的には後者の動機が強く働いてしまいがちなのである。

この囚人のジレンマ・ゲームを用いて、いくつかの国の児童と比較した研究がある。戸田らの研究によると、各国とも高学年になると競争的な反応が多くなっているが、なかでも、日本の児童は、一段と競争的な行動をとる傾向がみられた。しかも、相手の得点がわかると競争的な行動がさらに増えていった。相手の事を気にしながら行動しているのである。

但し、これらはいずれもゲームの相手とコミュニケーションなしの場合である。双方に話し合いを許すと共栄を目指すことが多くなることが知られている。

この点、なんとか人間の将来に希望が持てそうである。そのために大事なことは互いのコミュニケーションを欠かしてはならないということである。

84 もっともっと嫌われたい…

交流分析の〈ゲーム〉

世の中には、タテマエとホンネが複雑に絡み合って人間関係がめんどうになっていることが多いものである。相手の悪口を言っているかのように告げ口し、ついにはその二人を仲違いさせてしまうような人がいる。まわりの人を巻き込んで、人間関係をこじらせようとする動機があるのではないかとすら考えたくなることが少なくない。

アメリカのバーンが提唱した**交流分析**では、この人間関係をこじらせようという隠された動機をもった人によってはじめられ、否定的な結果をもたらす人間関係をゲームと名づけている。ゲームの仕掛人は、幼少期の体験によって作られた自分ないしは他者への不信感、否定的な態度を持っており、それを他人との関係で確認しようとするのである。このような人は、先ず、ひねくれ者など愛情不足の人、感情に動かされやすい人などを探してゲームのカモにする。そして、このカモを刺激してゲームを始め、怒りやいらだちの感情を挑発し、混乱した状態に追いこんで、自分の目的とする結末を作るのである。具体的なゲームの例を挙げてみよう。

A　キック・ミー・ゲーム　このゲームは、相手を挑発して自分を卑下あるいは拒絶させるものである。相手が挑発にのらず、寛容な態度をとっても、次々と自分に対する攻撃的な反応や嫌悪感を誘い出そうとする。しかし、当人は自分の行為を自覚しておらず、「なんでこんなひどいめに会うのだろう、ついてない」と、我が身を悲しみ、後悔する。

彼らは愛情欲求が十分に満たされておらず、自分は価値のない、他人に見捨てられても当然

の人間なのだと自己否定の構えを持ち、それを証明しようとするのである。遅刻をくり返す学生、仕事のミスで失業し、転職をくり返す人、失恋しやすい人、などがその例である。

B　ラポ・ゲーム　主に女性が男性とつきあう中で、男性への復讐を果たすなどの病的な満足を得ようとするものである。

基本には男性に対する敵意があり、男性には価値がないという自分の考えを確認しようとして仕掛けられる。

コケティッシュな素振りで男性の気をひいておいて、相手がこれに反応してくると、待ってましたとばかりに男性の不作法をなじり、「幻滅だわ」と去っていくなどはこの例である。男性は女性の真意がつかめず、ついには自己嫌悪に陥ってしまう。それが狙いなのである。これは、性的な同一性が得られていない人が、自己防衛として演ずるゲームとも考えられる。

85 いわれなきプレゼントは不快

贈呈行動の実験

〝贈りもの〟行動は、贈る人と贈られる人との人間関係によって決まるものである。贈る側は、儀礼的にせよ相手との関係を重要と考えて贈呈行為を行うのであろう。しかし、贈られた側は両者の関係を必ずしもそうとは思っておらず、受けとっていいものか悩むこともある。しかも、デパートの売場などで「ご贈答品コーナー」とあるように、贈呈行為には有形無形のお返しが期待されていることも少なくない。

アメリカのガーゲンらは、アメリカ、スウェーデン、日本の男子大学生を被験者として贈呈行動における贈呈条件と贈り主に対する好意を研究している。六人一組の大学生は、別々の小部屋に入れられ、簡単な賭のゲームに参加する。それは、四ドル相当のポーカーチップを渡され、ダイスの目に応じて勝ち負けの決まるゲームである。ゲーム後にチップは現金に換えられる。

実はこのゲームでは、六名とも大負けするように仕組んである。しかし、実験者は、偽りの成績を発表し、参加者各人が六名のうちで最下位であると思わせるようにしたのである。ゲーム終盤に、持ち分が全部なくなってしまうような賭けの事態が出てくる。負ければゲームを続けられない。その時に、被験者は十枚のチップ(一ドル相当)の入った封筒をもらう。それは、他の五人の被験者の誰かからの贈りものであると思い込ませるように仕組まれている。封筒には実験者が用意した短いメモが入っている。

「チップを返す必要はない」(低義務条件)、「ゲーム後には提供した分を返してほしい」(同義務〔互恵〕条件)、「提供したチップに利子をつけて返してほし

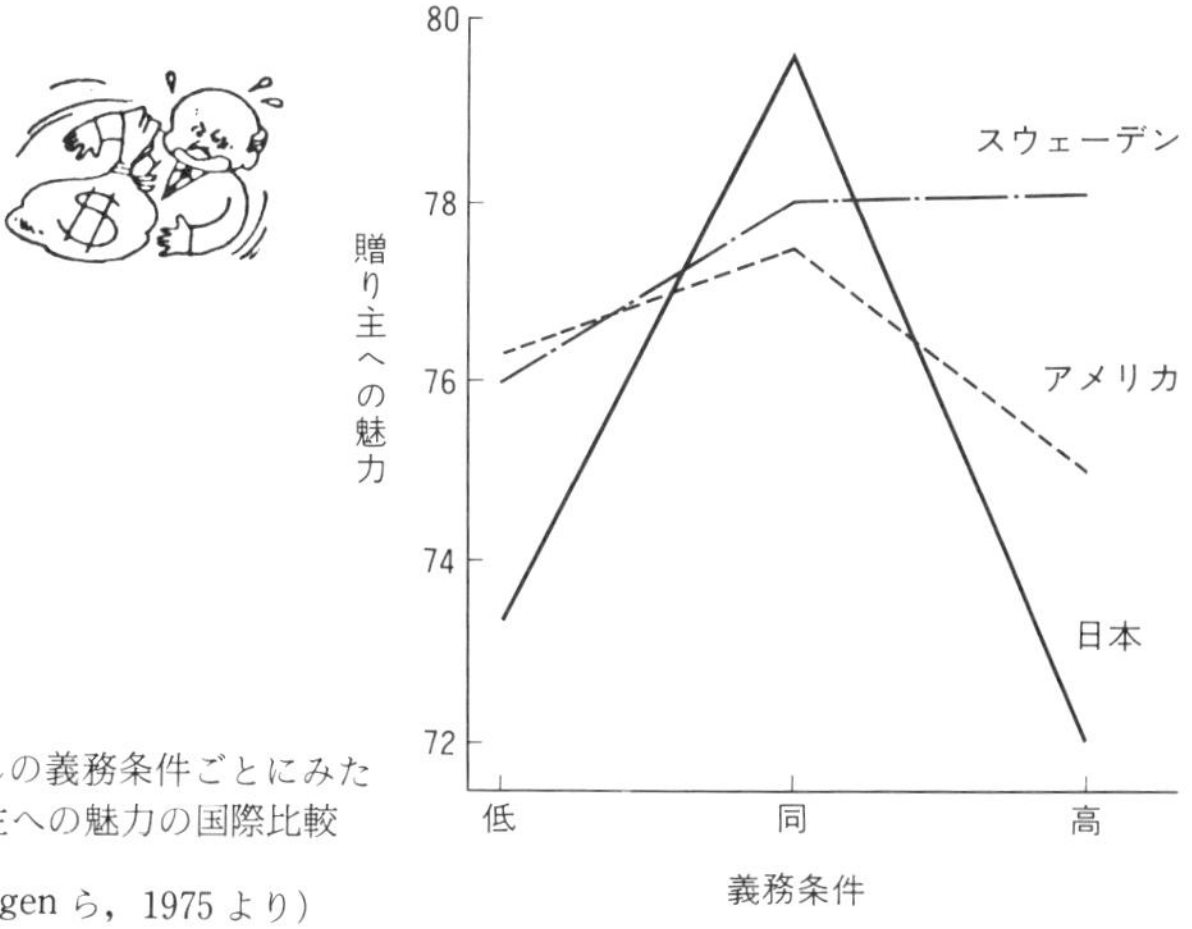

図　お返しの義務条件ごとにみた贈り主への魅力の国際比較

（Gergen ら，1975 より）

い」（高義務条件）のいずれかが書かれてある。

　このゲーム終了後、贈り主への好意が測定されたのである。

　その結果贈られた分と同等分を返す条件の贈り主が最も好かれていることがわかった。スウェーデンの学生のみ異なっているが、アメリカ、そして特に日本でこの傾向が明らかである。

　利子つきのお返しを要求される場合には、いわば高くつくわけで好意をもたれないのはわかるが、お返しを要求されない場合も好意をもたれていないのは何故であろう。人間は、義務のない贈りものに対しては、その背後が気になり何らかの警戒心を持ち、落ち着かないのであろう。なお、この結果をみるとスウェーデンでは、借りを返す場合には、プラスアルファーが常識なのかもしれない。

　いずれにせよ、貸し借りのない対等な関係が最も望ましく受け入れられるのである。

86 ままならぬは人助け

援助行動の心理

場末の酒屋。その店にTシャツにアーミー・ジャケットを着た青年が入って来て、レジの店員に輸入ビールの在庫を尋ねた。それで店員は店の奥に在庫を確認に行った。

店員がいなくなると、この青年は、店先に積んであったビールを一箱持ち上げ、居合わせた客に「わかりっこないさ」と言いながら、車に積み込んで走り去ったのである。店員が戻って来たとき、青年はいない。一分待っても、誰も盗みのことを言い出さない場合、店員は居合わせた客に、先の青年のことを尋ねたのである。

これはラタネとダーリーの仕組んだ実験である。盗みの青年とレジの店員は、実験のさくらだったのである。実験では、泥棒が一人の場合と、二人連れの場合の条件とがある。

二一％の客は自発的に犯行を報告し、五一％の客は聞かれてから答えた。泥棒が一人のとき（六九％）の方が（五二％）よりも、二人のとき犯行を報告する割合が少し高めであった。

また、客が一人の場合、六五％の人が犯行を教えた。この率からすると、客が二人の場合にはどちらか一人が報告する割合は八八％（$(100-65)^2=88$）になるはず。ところが報告したのは五六％だけだった。盗みを目撃したのが自分一人だけの時よりも二人で目撃した方が、教えないのである。他人がいると、援助しにくいのであろうか。

人を助けるという**援助行動**は、必ずしも日常的ではなく、多くの人にとっては経験の少ないことである。それでどう援助したらよいのかわからないので、まわりの人間の行動を真似ようとする。人はその場にそぐわない行動はしたく

ないと思う。また、同じように、他人が自分を注視していることに気づく。そこで、平静・沈着であるように努力し、結局、お互いが平気であるように見えてしまうのである。そのため、他人が居合わせると、一人の時よりもことの重大さをそれほど感じなくなり、助けようとする気持が失せてしまうのである。

　しかも、自分と似たような立場の人が複数いることで、誰かが助けるだろうと思い、いわば**責任の分散**が生じると考えられている。だから、町なかで暴力ざたがあっても、つい見て見ぬふりが多いのであろう。援助事態では他の誰かではなく、あなたの助けが必要なのである。

　しかし誰もがこのように援助に消極的なわけではない。情緒的に安定し、社会的に適応している人は援助に積極的であると言える。大坊の研究によると、ボランティア活動をしている人は、他人からの支持を求めず、自分の考えに固執せず、博愛的傾向の強いことも認められている。

87

ＫＫＫの残虐性

没個性化と反社会的行動

コンパの席などで、つい隣りの人をまねて灰皿やグラスを懐にしまい込む人がいる。

このように、まわりの人に影響され、自己が周囲の人のなかに埋没すると自己意識が薄くなり、他人からの評価にあまり関心を持たなくなる。したがって内的な抑制力も減退し、平常ならしないような行動もとりやすくなる。

ジンバルドは、このような個人が他者との関係のなかで特定の役割を担い、他者と密接なつながりを持っている状況で、独自の自分であるとの感じを失った状態を**没個性化**と呼んでいる。この一つの大きな要因として匿名性が挙げられる。

旅の恥はかき捨てとか、サングラスをかけると何か自由な気持ちになれる、火事場でヤジを飛ばすなど、このことと関連しているようである。

ジンバルドは、自分の顔や名前も仲間の被験者に知られない匿名条件では、他人への攻撃行動が強まると報告している。

一方、照明を落とした部屋で見知らぬ人達といると、明るい部屋で誰彼がわかる場合よりも、互いに触れたり、抱きしめたりなどの親和的な行動が多くなるとのガーゲンらの報告もある。だから没個性化が一概に反社会的行動をうながすわけではなく、状況によって左右されると言えよう。

ジョンソンとダウニングは、実験用の衣裳として、悪名高きＫＫＫ団のガウンに似たものと人助けのイメージの強い看護婦のユニフォームとを用意し、被験者に着せている。六〇名の女子学生はこの一方の条件に、さらに各々半数ずつ匿名条件と、大きな名札を胸につける個性条

(Raven ら，1983)

件とに割り当てられた。

実験者は被験者に対し、生理的な刺激が学習作業にどう影響するか知りたいので、学習実験の参加者が誤答するたびに電気ショックを与えなさいと指示する。被験者は、六段階のボタンのどれかを選んで押すのである。

その結果、被験者には**コスチューム効果**があり、明らかにコスチュームの影響を受けていた。看護婦のユニフォームを着るとショック水準を和らげ、KKK団のガウンを着ると強いショックを送るのである。しかも没個性化条件は、この差をさらに大きくしている。

このように人は一時的なものであっても、自分の置かれた状況に添った行動をとるものである。しかも、匿名の場合には、元来の自分の責任をどこかに置き忘れてしまい、作られた状況に見合った「責任」をとろうとしてしまう。そんな状態の自分を「自分」だとは思わないでほしいものである。

88

あなたはそれでも命令に従うか

権威への服従心理

人類の歴史は、絶え間なく繰り返された戦い、殺戮のうえに作られていると言ったら言い過ぎであろうか。ユダヤ人に対するヒトラーら、ナチスのいわれなき残虐な大量殺戮。不幸なことに最近でもベトナムやカンボジアなどでも様々な口実のもとに似たような蛮行がなされてきた。

しかし、実際に手を下した者達は決して冷血な、特殊な人だと言いきることはできない。彼らは皆、異口同音に「命令に従っただけ」と言うのである。

それでは何故、人は権威者に簡単に服従し、自分自身では良しとしない行為をとるのであろうか。それはどんな状況なのであろう。また翻って、どんな条件があれば、従わないでするのであろうか。

彼自身ユダヤ人であるミルグラムは、この**権威への服従行動**の解明に絶大なる熱意を持って、組織的な研究を行っている。

まず実験の被験者募集を新聞広告を用いて行い、記憶と学習に関する実験への参加を呼びかけた。被験者は二〇～四〇歳代にわたり、職業も様々である。参加者は二名一組となる。実験に先立って、クジびきをして、一人が学習する側の生徒で、もう一人は教師役となる。このクジには仕掛けがあって、実際の被験者は、必ず教師役になるようにしており、生徒役は、実は実験のさくらだが、この時点では被験者には真相を伏せてある。

教師は、生徒に記憶再生の問題を出す。そして、生徒が間違えるたびに電気ショックを送り、しかも誤答のたびに一段階（一五ボルト刻み）ず

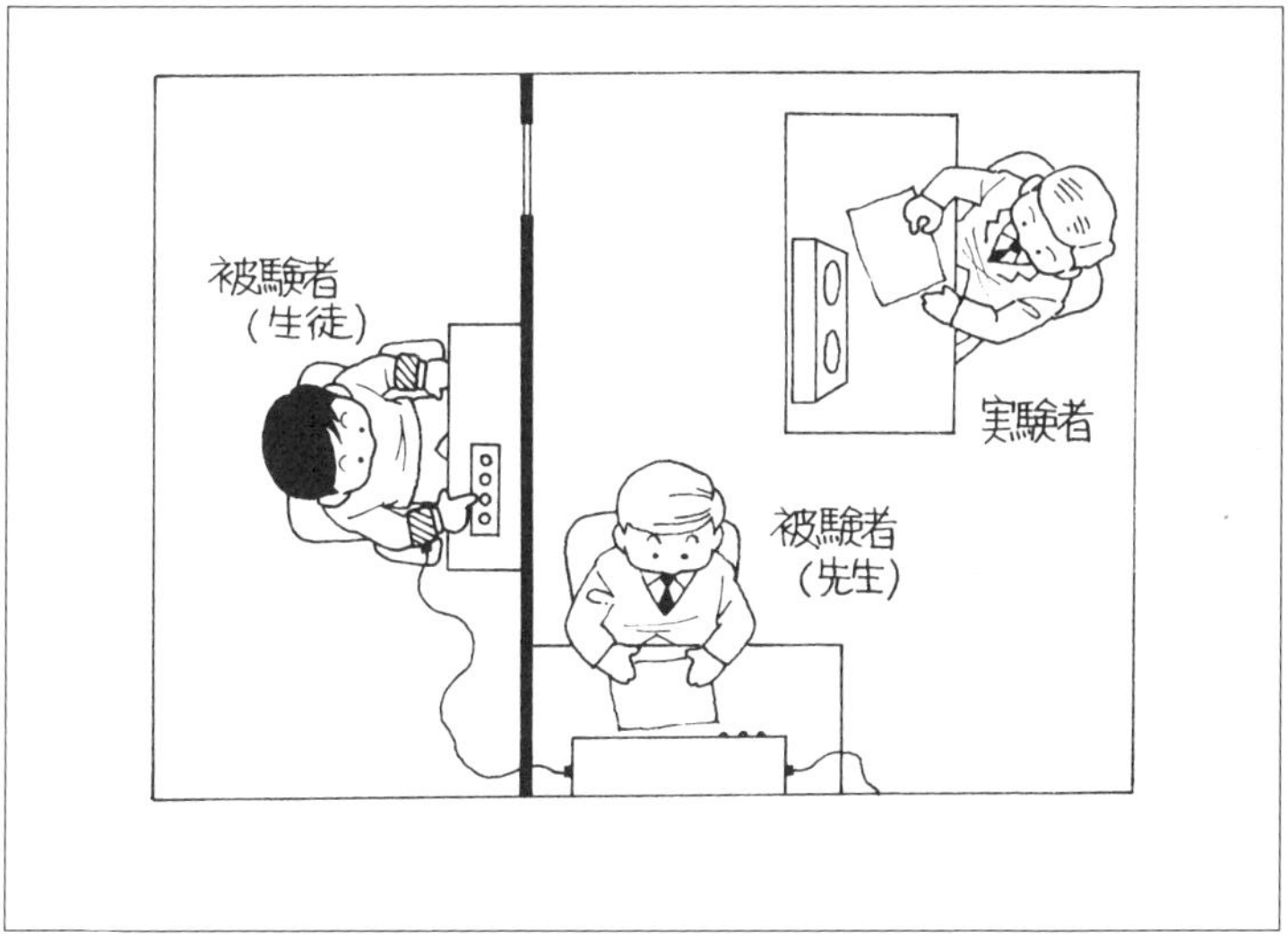

つショックを強めていくようにと実験者から指示される。

実験を始めると、生徒はプログラム通りに時々誤った答えをして、電気ショックを受ける。その度に教師は、ショック水準を強めていかなければならない。それに応じて生徒は、〝苦しみの演技〟を行う。一五～七五ボルト程度では不平をつぶやくだけだが、一三五ボルトでは苦しいうめき声を発し、一九五ボルトでは悲鳴をあげる。さらに、ショック送電器には電圧の値とともに、文字で、かすかなショック、激しいショック、危険などが書かれており、電圧は四八〇ボルトまで上げられるようになっている。しかも、生徒がどんな反応をしようと電圧を上げるよう実験者から言われている。教師である被験者がもうこれ以上実験を続けるには忍びないと申し出ても、まだ学習は終わっていないので続行するように指示される。但し、再度の申し出があれば終了する。

このような実験状況を聞いたとき、自分ならスイッチを押し続けないと思っている人は多いことであろう。

ところが実験を行ったところ、なかなかスイッチから手を離せないようである。まず、教師側が生徒の反応の様子が分かる程度を変えた次のような四条件を設定している。

(1) **遠隔条件**—教師と生徒の間に壁があって、生徒の反応はわからない。但し、三〇〇ボルトになると、嫌がって壁を叩く音は響いている。

(2) **発声条件**—教師の側から生徒は見えないが、抗議の声が壁を通してはっきりと聞えてくる。

(3) **近接条件**—教師と生徒は同じ部屋にいて、六〇~九〇cm離れている。生徒の苦痛の反応は見え、聞こえる。

(4) **接触条件**—教師が実験者に服従させるには、無理に生徒の手をとって、押えつけねばならない。

各条件とも被験者は四〇名ずつである。結果は、教師側に生徒の様子が分かり、接触が密になるほど、実験者の指示に従わなくなっている。それにしても、予想に比べてはるかに権威に服従することが分かった。遠隔条件で六五%、接触条件でも三〇%の人は最大ショックを送っているのである。しかも男女の差はない。

だが、彼らは決して進んでスイッチを押し続けたのではない。多くの人々は、額の汗を拭ったり、口唇をかみしめたり、口ごもったり、呻き声すら出していたのである。神に祈る者までいた。なのに、命令に従ったのである。なお、実際には生徒にショックは送られていない。

ミルグラムは、「命令が合法的権威からきていると思っている限り、行為の内容には関係なく、良心に制約されず、言われた通りのことをする」と大いなる失意を述べているが、あなたはこれを否定できるであろうか。

第7章
親と子の心理

三田洋子

89

最初に人を見た雛

雛のインプリンティング

ローレンツはある時、ハイイロガンの卵を人工孵化させていた。ようやく卵から首を出した雛がこの世で一番最初に見たものは、卵から雛がかえるのをジッと見ていたローレンツの顔であった。

メロドラマ風に表現すると、目と目がバッチリと合ってしまった後、その雛はローレンツを恋い慕い、姿を追い続けた。そして夜もローレンツの傍らでないと寝なかったという。

しかもこの雛が大きくなり成鳥になった時、同じ種類の雌に全く関心を示さず、人間のローレンツに対し求愛行動を行ったのである。何故このような珍しい現象が現われたのだろうか。彼は次のように説明している。

大型鳥類の卵を人工孵化させて、ある一定期間内にその雛に代理の母親をあてがう。あてがうとは、特別な事をする訳ではなく、雛にあたかもこれがあなたのお母さんですよと見せるだけでよい。代理の母親は、別の種類の鳥でもよし、人間、あるいは電気仕掛けのロボットでもよく、本物の母親と全く共通点がないものでかまわない。

こうすると、雛の心にこの代理の母親が刻み込まれて、本当の親のように後を追っかけて慕うようになる。これをエソロジーでは**刻印付け**（インプリンティング）と呼んでいる。この刻印付けは時期があり、生後わずかの一定期間内にしか生ぜず、この時期が過ぎると起こらなくなる。また、いったん刻印付けが成立すると、修正がきかず一生続く。

人間に刻印付けは存在するだろうか。一般には、人間のように進化した動物には、絶対的な

図　ローレンツの説を実験的に証明しているヘスのインプリンティング実験風景
(Hess, 1958 より)

臨界期は存在しないが、**相対的臨界期**はあるといわれている。相対的臨界期とは、その学習をするのによい時期はあるが、その時期に学習しそこなうと一生その学習ができないわけではない。

人間においては、ほとんどが相対的臨界期だが、ほんのわずかの例外がある。代表的な例が絶対音である。絶対音を身につけられるのは幼児期だけで、この時期を逃がすと残念ながら一生学習できない。

絶対音感とは、聞えた音の絶対音高を瞬間的に知覚できる能力をいう。それに対し他の異なる音と比較して、聞えた音の高さを知覚する能力を相対音感と呼んでいる。

しかし幼い頃この能力を獲得できなかったとしても、作曲家とかオペラ歌手になる希望を捨てる必要はない。シューマンやワーグナーなども絶対音感を持っていなかったという。

90

一卵性双生児の心理学

❀ 異環境双生児の比較研究 ❀

ローマを旅して、ボルゲーゼ公園の一角の牝狼にお乳をもらっている双生児の赤ちゃんの像に目をとめた人も沢山いるだろう。この双生児はロムリスとレムスで、幼い頃狼に育てられて成長し、ローマを築いたという伝説の主人公である。又星座に双子座があるのを知っている人も多い。実在の世界でも、エルビス・プレスリー、ベラック姉妹、日本の宗兄弟などが挙げられる。双生児が複数組含まれている山下家の五つ子も全国の関心を集めた。

双生児は古代からどの民族においても存在してきたが、特に心理学の分野にとって、大きな貢献をしていることを知る人は少ないだろう。

双生児は**一卵性双生児**と**二卵性双生児**に区別される。一卵性双生児とは、卵子と精子が受精し一コの受精卵ができるが、その後その受精卵が二つに分裂して大きくなり誕生した場合である。だから一卵性双生児は必ず同性同志のペアである。受精卵が二つに分かれる時期はほとんどが受精後八日以内であるが、十二日以降に分裂すると体の一部分を共有してくっついて生まれてくるシャム双生児となる。これはシャム、現在のタイで始めて発見されたのでそう呼ばれているが、どの国においても生まれる可能性は存在する。

二卵性双生児は、受精時より二個の受精卵があって、細胞分裂を繰り返して大きくなって生まれる場合である。この場合は同性同志のペアと男女混合のペアがあり、約半数ずつと言われている。何故双生児が生まれるのかはっきりした原因は不明だが、一卵性双生児は家系により出現頻度に差があるので遺伝的要因に、二卵性

双生児は三十五歳過ぎの高年出産に多いので、子宮機能の衰えという後天的要因に依るのではないかと準測されている。

何故双生児が心理学の研究に多大な貢献をしているのか。一卵性双生児で、何かの理由によって生後間もなく別々の家庭環境で育てられたケースを**異環境双生児**と呼ぶ。一卵性双生児は元々が一個の受精卵であるので、遺伝を決める遺伝子の配列が同じなので遺伝素質は同一である。そこでこの異環境双生児のいろいろな特徴を比較して、似ている点があれば遺伝的要因により形成されたと考えられ、違っている点は環境的要因のせいであると考えられるのである。

異環境双生児を比較した研究は多いが、上出らの調べた双生児は、八十歳になるまで会ったのは九回で、互いに別々に生きてきたが、二人の性格は非常に良く似ていた。無口で短気で強情、しかし仕事はまじめにやる努力家でしかも、趣味や生活習慣までそっくりだったという。

91 チンパンジーとの会話

チンパンジーの文字図形学習

人間以外の動物と会話ができたらどんなに楽しいだろう。そんなSFのような夢を実現しようとしている人達がいる。

選ばれた動物はチンパンジーである。初めの試みは一九三〇年代、ケロッグ夫妻が育てたグアという名のチンパンジーの子供である。ケロッグ夫妻は自分達の本当の子であるドンという男の子とグアを別け隔てなく可愛がったり叱ったり、寝食を共にして言葉を教えた。その結果、夫妻の話しかけはある程度まではわかるようになったが、自分からは一語も喋れなかった。同様に言葉を教えようとしたヘイズ夫妻のチンパンジー、ヴィキは、ママ、コップなどの四つの単語を話せるようになったが、それで終りだった。

人間の言葉は、どの国の言葉であろうと、多種多様の発音で成り立っている。我々はいろんな複雑な音を出すことのできる発声器官を持っている。しかし、チンパンジーは、必要とされる音を十分出せる構造をもっていない。だから発声言語を学習させる実験は失敗に終ったのである。

だが、失敗は成功の母である。その後の研究方向は二つの流れに分けられる。一つは、耳の聞こえない子どもが使う身振り言語である手話法による話し合い、もう一方はいろんな文字図形を教えるやり方である。

手話を教えられたガードナー夫妻のチンパンジー、ウォシュは、三語文(単語を三つ続けた長さの文章)で対話ができるようになった。しかもウォシュの子どもも、母親の手話を憶えて話ができるようになったという。

(Premack ら, 1975)

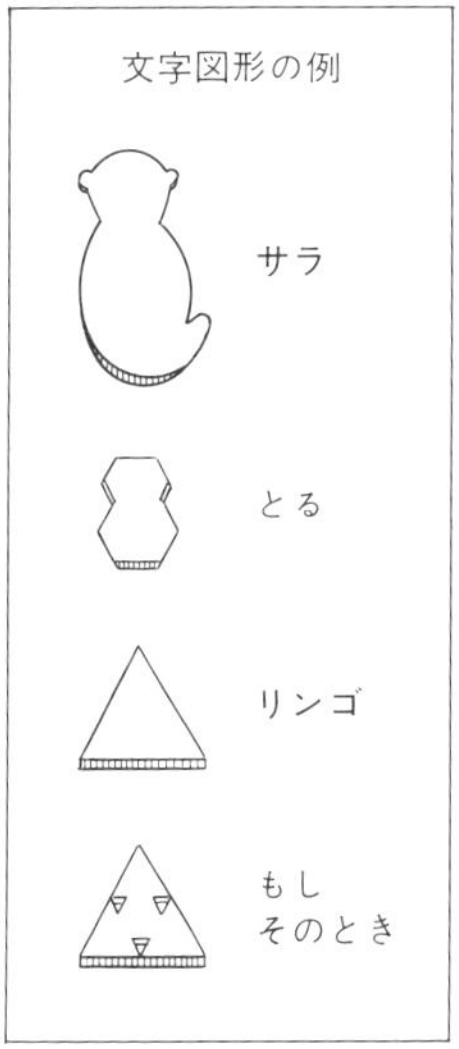

文字図形学習をした例としては、プリマック夫妻のサラ、日本の京大霊長類研究所のアイがあげられる。サラは図のような文字図形と単語を対にして学習した。そしてそれを基にして文章の意味を把握したのである。しかも仮定文のように非常に高度な内容もわかるという。

アイは文字図形に加えて数の訓練も受けている。スクリーンに果物が三つ写っていると、アイの目の前にある3の数字のついたキーボードを押すと正解となる。

チンパンジーも毎日熱心に学習を続けており、いつの日か楽しく会話ができる時が実現するのではないだろうか。

92 知能指数は変化する

親は我が子に対し欲が深いものである。生まれる時は五体満足でありさえすればと願うが、それがかなうと、たくましく、積極的に、頭の良い子にと際限なく希望する。

一歳までは体の大きさを競い、一歳半頃は歩き始めを、三歳を過ぎると文字や数の憶えを争う。現在日本の幼稚園では園児に知能検査を実施することが多いが、知能指数が一三〇もあったら、親の期待は大きくふくらむ。

知能検査が始めて作られたのは一九〇五年、仏の心理学者ビネーと彼の友人のシモンによってである。彼らの目的は人間の知的能力を調べるのではなく、知恵遅れとそうでない子どもの判別であった。その後多くの学者により製作、改良されて今日に至っている。知能テストの結果は**知能指数**（IQ）で表わされるが、数字によりおおよそ次のように段階分けされる。

IQの段階	出現率（一〇〇人中）
一四〇以上	一人
一二五～一四〇	六人
一〇九～一二四	二十四人
九三～一〇八	三十八人
七七～九二	二十四人
六一～七六	六人
六〇以下	一人

（伊藤　隆二、一九七二）

知能検査の追跡調査

一人を何年間も追いかけ知能測定をした研究をみてみよう。狩野らは小学一年生約一三〇〇人に知能検査をした。そしてその小学生達が中学三年生になるまで毎年知能指数を調べた。

その結果小学一年生の時の知能指数が八年後

の中学三年生になって一〇以上増えたり減った子どもが、全体の約六〇％もいたのである。二〇以上も増減を示した子は約三五％を占めていた。

　アメリカでは一八年間も追跡調査した例がある。この調査で知能指数の変動が特に激しい子を選んで調べたところ、知能指数が急に低下した時のその子の生活環境や生育歴に変動があったことが多かったという。

　子ども自身が病気にかかっていたり、両親の仲が悪くなって家庭がゴタゴタしていたとか離婚寸前だったなど、子どもが安定した状態でなく、常に緊張している時、知能指数は低下することがある。従って、知能指数は変化するもの、上ったり下ったりするものであると考えた方がよいようである。

　子どもの知能指数や成績に一喜一憂することなく仲の良い家庭を維持することが、子どもの知的能力を伸ばす元になるようである。

93

針金の母親、布の母親

赤ちゃんにとってお母さんは何にも代えがたい大切な存在である。ただ、お母さんが何にも代えがたいのは、お母さんがおっぱいを飲ませてくれたり、おしめや着物を取り代えたりの世話をしてくれるからだろうか。仕事を持っていたり病気であるために、赤ちゃんにお乳をやれない、おしめも取り換えないお母さんは、赤ちゃんにとってお母さんではないのだろうか。これらの疑問に一つの答えを与える実験がある。

ハーロウは、生後間もない赤毛ザルの赤ちゃんをお母さんザルから引き離して、その代りに写真のような大きな二個の人形をお母さん代りにあてがって育てることにした。その人形の一つは胴体が針金でできており、残りの一つはフェルトの布で作られている。どのサルも二種類のお母さんを持つことになる。

赤毛ザルの代理母親の実験

赤毛ザルの赤ちゃんはまだ幼いので、哺乳瓶からミルクを飲む。赤ちゃんザルを二つのグループに分けて、どちらのお母さんからミルクをもらうか条件を変えてみた。一方の条件の赤ちゃんザルは針金の母親にしがみついて、針金の母親の胸にくくりつけられた哺乳瓶からミルクを飲む。もう一方の条件のサルは布の母親の胸についている哺乳瓶を吸う。そして各々のサルがどちらのお母さんを好むか調べた。

布の母親からミルクをもらう赤ちゃんは、飲んでいる時だけでなく一日の大部分の時間布の母親に寄り添っていた。それに反し、針金の母親からミルクをもらう赤ちゃんザルは、ミルクを飲む時以外はミルクをくれない布の母親にしがみついていた。

この子ザルの檻の中に、子ザルの恐がるもの

(Harlow, 1959 より)

例えば等身大のゼンマイ仕掛けで動くおもちゃを入れてやるとどうするか。全員のサルが、布の母親にしっかりしがみついた。中には無我夢中で手近の針金の母親にしがみついたが、ハッと気付き、あわてて布の母親へしがみつき直したあわてもののサルもいた。

何故布の母親の方が好まれるのだろうか。その秘密は、すがりついた時の肌の感触である。つまり針金の母親ではゴツゴツした感じしか与えてくれないが、布の母親はフワフワした心地良い気持ちにさせてくれる。

サルの赤ちゃんにとって、快感を与えてくれる**スキンシップ**が飢えを満たしてくれるおっぱいより、母親である条件として大切なのである。

人間の赤ちゃんにとっても、おっぱいやおしめを取り換えるだけの母親は、母親として不十分である。人間の赤ちゃんは赤ちゃんが欲する時に、あやしたり遊び相手になってくれる大人に愛着心を持つといわれている。

94

知能は環境で伸びる

知能発達の環境説

ヘッブはモルモットに課題学習をやらせて、最も成績の良かった賢いモルモットの雌雄を選び、つがいにし子どもを作らせた。さらにその子ども達にまた学習をやらせて、賢いモルモットを選び、つがいにさせ子供を得た。

もう一方では課題学習の結果、最も成績の悪いモルモットの雌雄をつがいにし子どもを作らせ、さらにその子どもの中で一番愚かなモルモットを選び、子どもを作らせた。

このように優劣二系統を幾世代も交配を繰り返すと、九世代後には優秀群の中で最も成績の悪いモルモットでも、劣等群の中の最も成績のよい賢いモルモットより優るようになるという。

さて、このような交配の後、優秀群の幼いモルモットを、貧弱な、刺激の乏しい環境で育てる。狭い檻の中で遊び、道具は一切ないような環境である。これに対し、劣等群のモルモットをおもちゃなどが置いてある良い環境で育てる。そして再び学習テストを両群のモルモットに実施すると成績が優劣逆転する。優秀であったはずの優秀群のモルモットは、劣等群に追いつくことができなくなってしまう。

人間を直接対象とした研究で、アメリカの外界との交流に乏しい山奥に住んでいた子どもの平均知能が、電気がつき道が作られ、ラジオなどから外界の刺激が入ってくるにつれ、上昇したという報告がある。

親の養育態度によっても知能の発達に差がでてくる。幼児が課題を解決しようとしている時に、母親も一緒にかかわり、共に考える立場を取る方が知能の発達にはよいようである。また

父親は、子どもに自由にやらせて見守る、大きい態度を取る方が、知能の発達がよい。

バーンスタインは子どもに話しかける母親の言葉を分析した。その結果、母親の語いが豊富で文章が長く、正しい文章、複雑な構文、能動態と受動態を適切に使いながら話しかけていると子供の知的発達がよい。それに対し、語いが貧弱で決りきった表現、短い文章、単純な文章、文法の誤りが多く、受動態が少なく、能動態表現が多い母親は、子どもの知的能力を伸ばしにくいとしている。

ジェンセンは、人間の平均知能は低下しつつあると主張し、物議をかもした。知能の高い人ほど子どもを作りたがらないのに対し、知能の低い人は早婚で沢山子どもを生む。だから平均知能がだんだん下がるという。しかし多くの人の調査の結果はこの逆で、子供の知能は少しずつ上昇しつつある。これは環境の向上や教育の普及によるものであろう。

95

父親の存在

現代社会の父子関係

地震、雷、火事、親父という恐いものを並べた諺も、父親の権威が落ちてしまい、死語になってしまったと嘆く男性も多い。しかし母性社会である日本で、父親が本当に強かったのか疑問を抱く人もいる。

野口英世の母親は、我が子英世の教育に献身的努力をしたことで有名であるが、父親のことは何もでてこない。

日本でも外国でも母子関係の研究調査は非常に多いが、父子関係についてはは極めて少ない。しかし近年、父親の子どもへの影響の重要性について関心が高まってきた。日本で問題となっている家庭内暴力や登校拒否の子どもの家庭では、一般的に父親としても夫としても存在感が薄く、単なる下宿人のような状態の父親が多い。

精神分析の創始者であるフロイトは、自分自身が家父長伝統の強いユダヤの家庭で育ったためか、子どもの心理的発達に父親の役割の大切さを認めている。

男の子は幼い頃、父親を排除し母親を独占したいと願うが、強い競争者である父親から罰せられるのを恐れて、自分の願いを抑圧する。そして競争者である父親と同一視して男らしさを歩んでいく。これが**エディプス・コンプレックス**であるが、もし父親が強く見えないと、抑圧する必要がなく、母子一体のままの状態が続くことになる。

パーソンズは、父親は社会の規律とか働きを家庭の中に取り入れ教える**道具的役割**を、母親は家庭内の情緒とか感情をまとめる**表出的役割**を担っているという。またシアーズは社会における男性の役割のモデルとして父親が必要とさ

れるという。

リンは父子関係の研究を総括して、長期の父親不在は子どもの適応を悪くするとしている。特に男の子により強く影響を与えるようである。例えば、幼い頃父親のいなかった男の子は数学の能力を伸ばせないなど。

しかし家庭に父親がいたとしてもその存在のあり方によって影響はちがってくる。父親から拒否されたり、父親とトラブルのある男の子の学業成績は悪い。愛情もなく厳しい権威的父親のもとでは、依存的で憶病な気の小さい子になりやすい。

父親と母親の関係も問題となる。父親が弱く母親が家庭を支配している場合、息子は男らしさを発達させにくい。母子家庭の子の方が、不和の状態で父母がいる家庭の子より健全な発達をとげているという最近の報告もある。単身赴任の家庭が増加している日本でも、父親のあり方はますます問題になってくるだろう。

96 人は早産である

第二次就巣性動物としての人間

大部分の人間の赤ちゃんは、お母さんのお腹の中に三八週から四二週間滞在している。三七週未満でこの世に生まれてくる赤ちゃんは早産児と呼ばれている。ところが人間の赤ちゃんは一人残らず全員が早産児であると主張している学者がいる。

彼、ポルトマンによると、地球上の動物は**就巣性の動物**と**離巣性の動物**に区分される。離巣性とは巣立つものという意味であり、その体つきや行動はその親によく似ている。そして生まれた後、短時間たつと自分で移動できる動物で、ニワトリ、カモ、シギ、ゾウ、ウシ、キリンなどが含まれる。

就巣性動物は、誕生後しばらく自食できない特徴を持つ。キツツキ、ウサギ、テン、ネズミが代表的動物である。私達の身近な動物のイヌとネコはその中間に位置している。

ポルトマンによると、動物はでたらめにこの二つのグループに分けられるのではなく、ある規則性があるという。霊長類のように、後になって地球上に出現してきた種類、つまり系統発生上、より高度に発達した種類の哺乳類は離巣性である。

ヒト、即ち我々は最も進化した動物であるから当然離巣性である。二七〇日前後の妊娠期間、生まれてくる子どもの数は一人かたまに二人、生まれた時の体の状態は、脳髄の発達もよく、立体視は困難だが、生まれて数時間で光が見え、聞くこともできる。感覚器官の発達も比較的よい。これらは離巣性の動物であることを立証している。

ところがヒトは離巣そのもの、つまり、巣を

自力で出ていくことは、生まれてから一年以上経ないと不可能である。その上自力で食べられないし、自分の世話は自分でできない「能なし」の状態である。これは就巣性の動物の特徴である。もし完全に離巣性の特徴のみ持つにはどうなればよいのか。今よりもう一年長い妊娠期間を経て生まれてくればよいことになる。だが、一歳位の大きさの子どもを生めるようには女性の体は出来ていない。それで一年早目に、皆早産の状態で生まれてきているのである。

そしてそのお陰で、親が養育しながら十分な教育やしつけができるのである。

人間にとって最も基本的である二本足歩行やコミュニケーション手段としての言葉の習得を親子で努力して獲得していくことになる。

このことは親子関係の絆を強め、赤ちゃんにとって社会化の第一歩となる。その意味でこの第二次就巣性を人間に付与した**通常化された早産**は歓迎すべき現象なのである。

97 あなたのしつけは何型？

親の養育態度の四類型

最近、過保護の弊害が取り沙汰されている。短大生にもなって洗濯の仕方がわからないとか、箸が使えずスプーンで食べている姿を見ると、過保護は発達を阻害する原因であると感じられる。

しかし人間の赤ちゃんは自分のことは何にもできない状態であるから、親が保護しなくては生き続けられないし、健全な発達もできない。保護は必要である。問題は保護と過保護を区別することである。親が保護と思っていても、過保護である場合があるし、逆の場合もある。

サイモンズは、二次元の座標軸のように、**親の養育態度**を二つの軸で区切り、四つのパターンを作り出した。その二つの軸とは支配－服従、受容－拒否である。

子どもを支配するとは、子どもに関することは全部親が決めることである。あれをしなさい、これをしてはだめなど指示・命令をして子どもを従わせる。服従とは、逆に子どもの言いなりになることである。受容は子どもを愛し受け入れることで、拒否は子どもを愛していない場合である。

この二つの軸で作られた四つのパターンとは、過保護、甘やかし、無視、残酷である。

子どもが可愛いくて、しかも一人にしておくと心配でたまらなく、常に親がくっついていて指図する**過保護型の親**の子は、いつまでも依頼心が強く、幼稚で創造性に乏しい。

甘やかし型の親とは、子どもを愛しかつ子どもの言いなりになっている、子どもが家庭の王様になっている場合で、自己中心的でフラストレーションに耐える力が乏しく、少しの事でも

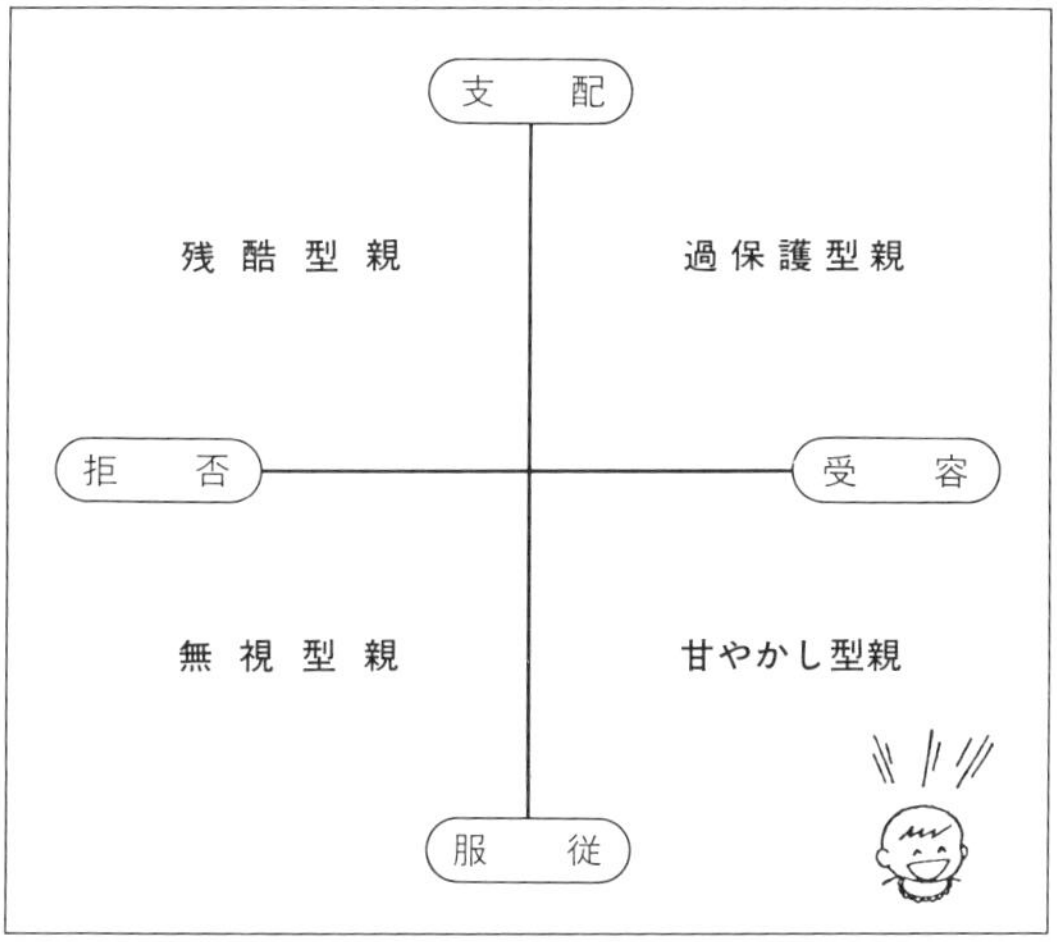

図　親の養育態度の四つの型　　(Symonds, 1939 より)

我慢できない。

子どもが嫌いで、うるさくされないために言いなりになっている**無視型の親**の子は、消極的で大人の愛情や注意を引こうとしやすい。子どもへの愛情がなく、しかも親の命令通りに子どもを動かす**残酷型の親**のもとでは、自主性が乏しく劣等感が強い、陰日向のある性格の子が生まれやすい。

では理想的な親は存在しないのだろうか。一カ所だけ未だ説明していない場所がある。中心点である。中心点にあたる親はそういるものではないが、より中心点に近づく程良い親に近づく。自分のしつけがどの型なのか、自分の親がどの型なのか知る目安に**親子関係テスト**を受けることをお勧めする。この種のテストは親用と子ども用もあり、子どもの目から見て親のしつけの型を調べることもできる。親はいいしつけをしていると思っても、子どもはいやな親と思っている場合もありうるからである。

98

母性は本能にあらず

母親の実子虐待

シンデレラ姫や白雪姫が継母にいじめられながらもけなげに耐えて、最後は幸せになる話は誰でも知っている。日本でも鉢かづき姫などがあり、洋の東西をとわずこの種の話は存在する。

それに対し実母にいじめられる話はあまり伝わっていない。しかし民話の中には、最初は実母にいじめられる筋だったのが、途中で継母に変えられてしまったものも少なくないという。その方が読む人の心におさまりやすいのである。

さて、現在実子を実父母が虐待するケースが、イギリス、アメリカを中心に増えている。アメリカでローラという女の子が実父母に熱したフライパンで炒められ、近所の人の通報で、飛び込んで来た警官に九死に一生を救われた事件があった。その後施設に引きとられたが、言葉どころか声すらも出さない状態が続いた。

やはりアメリカで、四歳のアンドレアが両親によって生きながらオーブンで焼かれ死亡した事件が報道され、世間にショックを与えた。イギリスでも十余年前、マリア・コルウェルが義父と実母に暴行、虐待されて亡くなっている。

日本でも生後二ヵ月の赤ちゃんを自動車道路に放置し車にひかそうとした父親や、二人の子どもを家の裏の檻で、犬や猫のように飼育した親の話がある。現在日本では毎日平均六人の捨て子がいるという。

動物園で生まれ育ったチンパンジーその他の動物が母親になった時、授乳の仕方も知らず世話をしなかったりで、飼育係の人が母親代りに育てた話はよく耳にする。

スコットは、生まれたばかりの雌の羊を一〇日

間ばかり母親から離してからまた母親の元にもどしたところ、その羊はずっと群れに馴じめず、孤立した状態だったという。そして母親になってもわが子の面倒を見ず、姿が見えなくなっても平気だった。ハーロウは赤毛ザルの赤ん坊を母親から隔離して育てると、その赤ん坊が母親になってから自分の子に全く無関心で、子どもが寄って来てしがみついたりすると、逆にけとばしたり咬みついて虐待したという実験結果を報告している。

わが子を虐待する母親は若いとか、未婚であるとか、父親が失業中で経済的に苦しいとか、下層階級に多いなどと言われるが、実情は年齢を問わずあらゆる階層に生じている。はっきり言えることは、幼い時暖かい親の愛情や世話を十分受けなかった子どもが、虐待する親になりやすいことである。

ヒットラーも父親から厳しい体罰を繰り返し受けて育ったという。

99 誉めれば伸びる!

知能のピグマリオン効果

大人は子どもに対し、あの子は今は大したことはないが将来はとても伸びそうだとか、あまり伸びそうもないとかいろいろの期待や予想をする。

ところでこのように大人が予想や期待をもっていると、その予想や期待に従って子ども達は変化していくという。というのは、大人は、伸びると思った子には伸びるように、だめだと思った子へはだめになるように、**無意識的な働きかけ**が微妙に変わる。その働きかけが子どもを実際に伸ばしたり、だめにするのである。このことを証明したのは、ローゼンサールとヤコブソンである。

彼らは、アメリカのある小学校の一年生から六年生まで全員に知能テストを実施した。そして実施した知能テストの結果に全く関係なく無作為に、各学年二〇%の子どもを選び実験群と名付けた。

実験群の子どもの名前を、先に行った知能テストの結果、将来伸びることがわかったと担任の教師に教えたのである。一年後、全学年全員に再び知能テストを実施して、実験群の子ども達が、残りの八〇%の子ども達(統制群と呼ぶ)と比較してより大きく伸びたか調べたのである。

二つの群の知能指数の差は、一年生プラス一五・四、二年生プラス九・五、三年生は〇、四年生プラス三・四、五年生は〇、六年生マイナス〇・七であった。プラスは実験群の数値の方が多いことを意味している。

この結果は一年生と二年生では、実験群の子ども達の知能指数が著しく伸びていることを示

している。他方、三年生から六年生までの子ども達は、そのような傾向は見られない。男女を比較した場合、女の子の方がより大きく伸びている。

教師とて人間であるので、伸びると判定された子に対し、教え方、誉め方などが、微妙に変わる。このことが子どもの能力をより大きく発達させる力となったと考えることができる。そしてこの傾向は特に年少児に著しいことが分かる。

この現象をローゼンサール達は、**ピグマリオン効果**と呼んだ。ピグマリオンとは、ギリシャ神話に登場するキプロス島の王様の名前である。彼は彫刻に秀でて、自分で彫った象牙の女性像に恋い焦がれ、美の女神ビーナスに頼んでその像に生命を吹きこんでもらい妻とした。

子どもを将来伸ばしたいと思う親や教師は、子どもに恋するくらい打ち込むことが大切のようである。そうすると子供も伸びるのである。

100

赤ん坊が大好きな〈人間の顔〉

乳児の図形凝視実験

人間の赤ちゃんは、生まれて数時間で光に反応しているという。しかし私達が見ているような明確な像を見ることができるようになるには、もう少し時間が必要である。色彩は生後半月位から分かるらしい。奥行知覚は当分の間、困難である。

さて、例えば机を見ることと、それが机であると分かるのは別である。先天盲の人が開眼手術を受けて見えるようになっても、机を見て机であるとはすぐには分からない。見えているものが何であるか分かるには、経験と訓練が必要である。赤ちゃんも見えているものが分かるようになるためには、学習をしなければならない。赤ちゃんは主として視覚と聴覚を使って学習しているのである。

それでは赤ちゃんはどんなものをより好んで見るか、赤ちゃんの凝視実験の結果をみてみよう。まず形態についてみると、簡単な図形より複雑な模様の方が好きである。

色彩では寒色系より暖色系をより長く見ている。赤ちゃんの見えるもの、壁とか天井、布団のカバーの色など暖かい色を使った方がよいだろう。

ところが、どんな面白そうな模様より注意を引かれるものがある。それは人間の顔である。

ファンツは赤ちゃんに図のような粘土製の目、鼻、口の配置がでたらめな顔、目、口、鼻が全くない輪郭だけの顔、正しい配置の顔三種をみせた。

その結果、赤ちゃんは正しい配置の**顔の凝視**が最も長いことが分かった。又、顔の中でも特に目に強く注意をひかれているらしい。

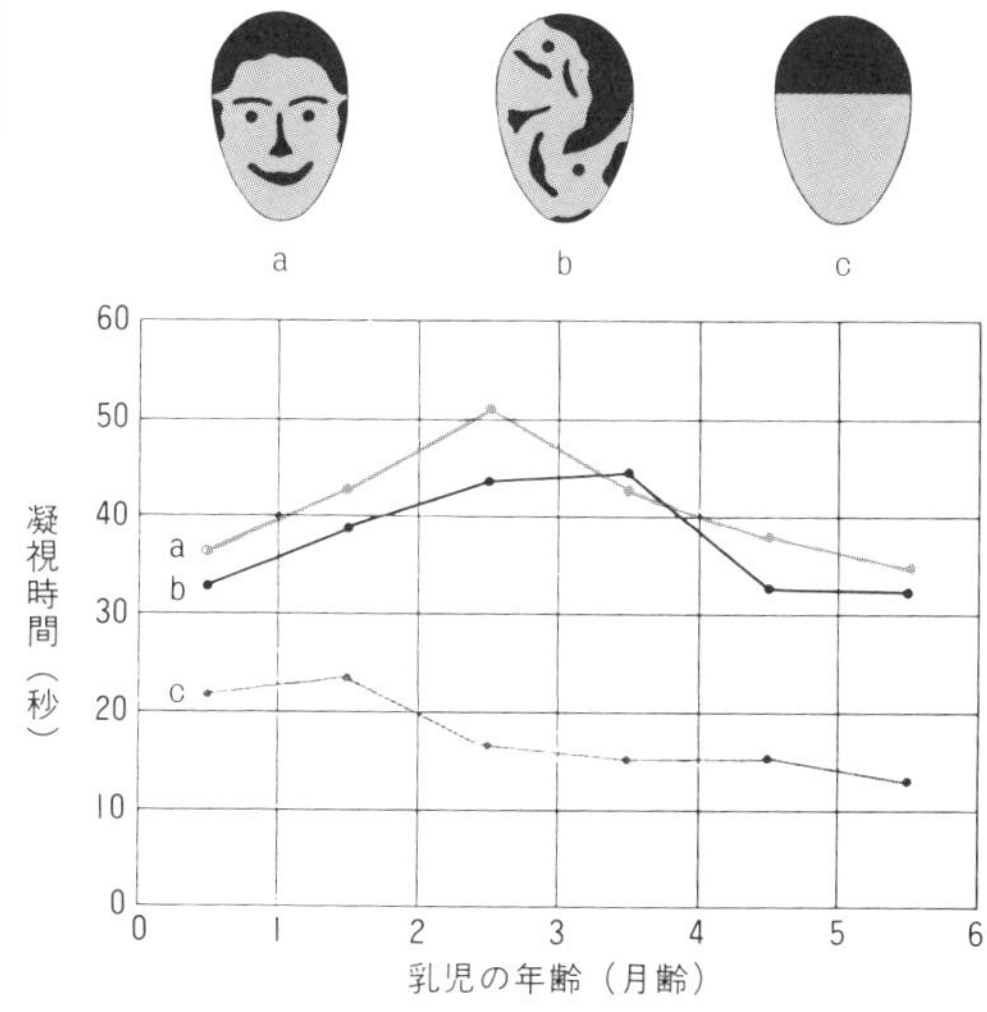

図　3種類の顔型に対する乳児の凝視時間の比較

(Fantz，1961より)

そこで親も赤ちゃんをやさしく見つめてやることが大切である。目は口ほどに物を言うらしい。お母さんの目がそっぽを向いていては、赤ちゃんは少しも楽しくない。笑い返して、赤ちゃんの目を見つめること。そうすると赤ちゃんも笑う。ヒューベルによると、よく笑う赤ちゃんほど知能が高いとのことである。

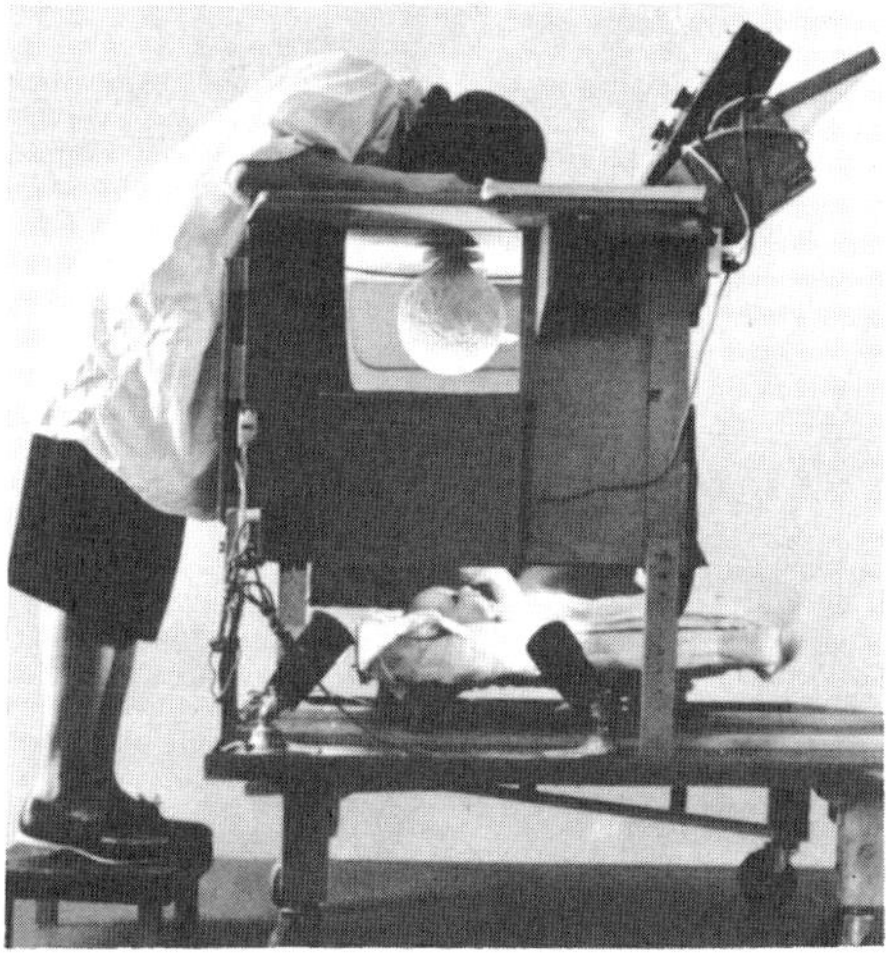

1978　ＩＱの遺伝と教育　黎明書房）.
4）Lorenz, K. 1963 *Das Sogenannte Bösezur Naturgeschichte der Aggression.* Dr. G. Bontha-Schoeler Verlag.（日高敏隆・久保和彦訳　1975　攻撃Ⅰ，Ⅱ　みすず書房）.
5）Lynn, D. B. 1978 *The Father――His Role in Child Development.*（今泉信人他訳　1981　父親――その役割と子どもの発達　北大路書房）.
6）Mitscherlich, A, 1972 *Auf Dem Weg Zur Vaterlosen Gesellschaft.* Puper & Co. Verlag.（小見山実訳　1976　父親なき社会――社会心理学的思考　新泉社）.
7）Mussen, P. H. *et al.* 1966 *Child Development and Personality,* Harper & Row.
8）Mussen, P. H. *et al.* 1974 *Child Development and Personality*（4th edition）Harper & Row.（三宅和夫・若井邦男訳　1984　発達心理学概論Ⅰ．Ⅱ　誠信書房）.
9）Portman, A. 1951 *Biologische Fragmente Menschen.* Verlag Bonno Schwabe & Co. Basel.（高木正孝訳　1984　人間はどこまで動物か　岩波書店）.
10）Renvoize, J. 1974 *Children in Danger.*（沢村灌・久保紘章訳　1977　幼児虐待――原因と予防　星和書店）.
11）Symonds, P. M. 1939 *The psychology of parent-child relationships. Appleton.*

19) Latané, B. & Darley, J. M. 1970 *The unresponsive bystander : Why doesn't he help?* Appleton Century-Crofts. (竹村研一・杉崎和子訳　1977　冷淡な傍観者：思いやりの社会心理学　ブレーン出版).

20) Levinger, G. & Snoke,J. D. 1972 *Attracion in relationship : A new look at interpersonal attraction.* General Learning Press.

21) Matarazzo, J. D. & Wiens, A. N. 1972 *The interview : Research on its anatomy and structure.* Aldine-Atherton.

22) Milgram, S. 1974 *Obedience to authority : An experimental view.* Harper & Row. (岸田秀訳 1975　服従の心理　河出書房新社).

23) O' Hair, H. D, McLaughlin, M. L. & Cody, M. J. 1981 Prepared lies, spontaneous lies, Machiavellianism, and nonverbal communication. *Human Communication Research,* 7, 325-339.

24) Patterson, M. L., Mullens, S. & Romano, J. 1971 Compensatory reactions to spatial intrusion, *Sociometry,* 34, 114-121.

25) ラパポート，A.（関寛治編訳）1969　現代の戦争と平和の理論　岩波新書 725　岩波書店.

26) Raven, H. R. & Rubin, J, Z. 1983 *Social Psychology.* Wiley.

27) Ray, M. L. & Webb, E. J. 1966 Speech duration effects in the Kennedy news conferences. *Science,* 153, 899-901.

28) Sommer, R. 1969 *Personal Space : The behavioral basis of design.* Prentice-Hall. (穐山貞登訳 1972　人間の空間．鹿島出版会).

29) 田中政子　1973　Personal space の異方的構造について．教育心理学研究，21，19-28.

30) Toda, M., Shinotsuka, H., MaClintock, C, G. & Stech, F. J. 1978 Development of competitive behavior as a function of culture, age, and social comparison. *JPSP* 36, 825-839.

31) West, L. W. & Zingel, H. W. 1969 A self-disclosure inventory for adolescents. *Psychological Reports,* 24, 439-445.

32) Zimbardo, P. G. 1970 The human choice : Individuation, reason, and order versus deindividuation, impulse, and chaos. W. J. Arnold & D. Levine (Eds.) *Nebraska Symposium on Motivation 1969.* University of Nebraska Press.

第７章

1) Harlow, H. F. 1971 *Learning to Love.* Albion publishing Company. (浜田寿美男訳　1978　愛のなりたち　ミネルヴァ書房).

2) Jencks, C. *et al. 1972 Inequality : A Reassessment of the Effect of Family and Schooling.* Basic Books, Inc. (橋爪貞雄・高木正太郎訳　1978　不平等　黎明書房).

3) Jensen, A. R. 1972 *Genetics and Education.* Associated Book Publishers. (岩井勇児訳

第6章

1） Adorno, T. W., Frenkel-Brunswik, E., Levinson, D. J. & Sanford, R. N. 1950 *The authoritarian personality.* Harper & Brothers.（田中義久・矢沢修次郎・小林修一訳　1980　権威主義的パーソナリティ　青木書店）.

2） 青野篤子　1980　対人距離に関する発達的研究．実験社会心理学研究，19，97-105.

3） Argyle, M. & Dean, J. 1965 Eye contact, distance and affiliation. *Sociometry,* 28,289-304.

4） Argyle, M. & Ingham, R. 1972 Gaze, mutual gaze, and proximity. *Semiotica,* 6, 32-49.

5） Bellak, L. 1970 *The porcupine dilemma : Reflections on the human condition.* New York : Citadel Press（小此木啓吾訳 1974　山アラシのジレンマ：人間的過疎をどう生きるか　ダイヤモンド社）

6） Berne, E. 1964 *Games people play.* Grove Press.（南博訳 1967　人生ゲーム入門　河出書房）.

7） 大坊郁夫　1982　異性間のコミュニケーションと対人魅力．日本社会心理学会第23回大会発表論文集，29-30.

8） 大坊郁夫　1982　二者間相互作用における発言と視線パターンの時系列構造．実験社会心理学研究，22，11-26.

9） 大坊郁夫　1983　ボランティアの意識構造の分析．山形県高齢化社会研究所紀要，2(1)，37-66.

10） 大坊郁夫・岩倉加枝　1984　自己開示におけるパーソナリティと状況要因の役割．山形大学紀要（教育科学），8，101-127.

11） Gergen, K. J., Ellsworth, P., Maslach, C. & Seipel, M. 1975 Obligation, donor resources, and reactions to aid in three cultures. *JPSP,* 31, 390-400.

12） Gergen, K. J., Gergen, M. M. & Barton, W. H. 1973 Deviance in the dark. *Psychology Today,* October, 129-130.

13） Hall, T. H. 1976 *Beyond Culture.* Anchor Press.（岩田慶治・谷泰訳 1979　文化を超えて　ＴＢＳブリタニカ）.

14） Hayduck, L. A. 1981 The shape of personal space : An experimental investigation. *Canadian Journal of Behavioral Science,* 13, 87-93.

15） Hurwitz, J. I., Zander, A. F. & Hymovitch, B. 1953 Source effects of power on the relations among group members. In D. Cartwright & A. Zander (Eds.) *Group dynamics.* Row, Peterson & Company.

16） Johnson, R. D. & Downing L. L. 1979 Deindividuation and valence of cues: Effects on prosocial and antisocial behavior. *JPSP,* 37,1532-1538.

17） Jourard, S. M. & Lasakow, P. 1958 Some factors in self-disclosure. *JASP,* 56, 91-98.

18） Kelley, H. H. 1951 Communication in experimentally created hierarchies. *Human Relations,* 4,39-56.

25) Walster, E. 1965 The effect of self-esteem on romantic liking. *JESP,* 1, 184-197.

26) Walster, E., Aronson, V., Abrahams, D. & Rottman, L. 1966 Importance of physical attractiveness in dating behavior. *JPSP,* 4, 508-516.

27) Zajonc, R. B. 1968 Attitudinal effects of mere exposure. *JPSP,* 9 (Monograph), 1-27.

第５章

1) Ash, S. E. 1946 Forming impression of personality. *JASP,* 41, 258-29.

2) Ekman, P. 1973 *Darwin and facial expression*. Academic Press.

3) Ekman, P. & Friesen, W. V. 1975 *Unmasking the face*. Prentice-Hall.

4) Fiedler, F. E.,Warrington, W. G. & Blaisdell, F. J. 1952 Unconscious attitude of sociometric choice in a social group. *JASP,* 47, 790-796.

5) Gollin, E. S. 1954 Forming impression of personality. *Journal of Personality,* 23, 65-7.

6) Heider, F 1956 *The psychology of interpersonal relations.* Wiley.（大橋正夫訳　対人関係の心理学　1978　誠信書房）

7) 今川民雄・岩淵次郎　1981　対人認知過程の構造について――好意的２人関係における因子分析的研究．実験社会心理学研究，21，41-51.

8) Karlins, M., Coffeman, T. & Walters, G. 1969 On the fading of social stereotypes : Studies in three generations of college students. *JPSP,* 13, 1-16.

9) 大橋正夫・林文俊・廣岡秀一　1984　暗黙裡の性格観に関する研究（II）――共通尺度法と個別尺度法の比較検討．名古屋大学教育学部紀要（教育心理学科），30，1-26.

10) Passini, F. T. & Norman, W. T. 1966 A universal conception of personality structure? *JPSP,* 4, 44-49.

11) 鹿内啓子　1984　他者の成功・失敗の因果帰属に及ぼす self-esteem および自己の成功・失敗の影響．実験社会心理学研究，24，37-46.

12) Show, J. I. & Skolnick, P. 1971 Attribution of responsibility for a happy accident. *JPSP,* 18, 380-383.

13) Tagiuri, R., Blake, R. R. & Bruner J. S. 1953 Some determinants of the perception of positive and negative feelings in others. *JASP,* 48, 585-592.

14) Vernon, P. 1933 Some characteristics of the good judge of personality. *Journal of Social Psychology,* 4, 42-58.

15) Walster, E. 1966 Assignmemt of responsibility for an accident. *JPSP,* 3, 73-79.

16) Wiggins, N., Hoffman, P. J. & Taber, T. 1969 Types of judges and cue utilization in judgments of intelligence. *JPSP,* 12,52-59.

17) Wish. M., Deutsch, M. & Kaplan, S. J. 1976 Perceived dimension of interpersonal relations. *JPSP,* 33, 409-42.

3）朝日新聞　1985年2月19日第2多摩版　大正海上火災の保険の調査の記事.

4）Byrne, D. & Clore, G. L. Jr. 1967 Effectance arousal and attraction. *JPSP,* 6 (Monograph).

5）Dion, K., Berscheid, E. & Walster,E. 1972 What is beautiful is good. *JPSP,* 24, 285-290.

6）Dutton, D. & Aron, A. 1974 Some evidence for heightened sexual attraction under conditions of high anxiety, *JPSP,* 30, 510-517.

7）Griffitt, W. 1970 Environmental effects on interpersonal affective behavior:ambient effective temperature and attraction. *JPSP,* 15, 240-244.

8）Harrison, A. H. & Saeed, L. 1977 Let's make a deal : An analysis of revelations and stipulations in lonely hearts and advertisements. *JPSP,* 35, 257-264.

9）Hendrick, C. & Hendrick, S. 1983 *Liking, loving, and relating.* Brooks / Cole.

10）Homans, G. C. 1950 *The human group.* Harcourt & Brace.（馬場明男.早川浩一訳　ヒューマン・グループ　誠信書房）.

11）Homans, G. C. 1961 *Social behavior : Its elementary forms.* Harcourt, Brace & World.（橋本茂訳　社会行動　誠信書房）.

12）Kelley, H. H. & Thibaut, J. W. 1978 *Interpersonal relations : A theony of interdependence.* Wiley.

13）Laumann, E. O. 1969 Friends of urban men : An assessment of accuracy in reporting their socioeconomic attributes, mutual choice, and attitude agreement. *Sociometry,* 32, 54-70.

14）May, J. L. & Hamilton, P. A. 1977 *Female's evaluations of males as a function of affect arousing musical stimuli.* the Meeting of Midwestern Psychological Association.

15）Murstein, B. I. 1972 Physical attraction and marital choice, *JPSP,* 22, 8-12.

16）Newcomb, T. M. 1961 *The acquaintance process.* Holt, Rinehart & Winston.

17）Newcomb, T. M. 1971 Dyadic balance as a source of clues about interpersonal attraction, In B. I. Murstein（Ed.） *Theories of attraction and love.* Springer.

18）Peplau, L. A. & Perlman, D. 1979 Blueprint for a social psychological theory of loneliness. In M. Cook & G. Wilson（Eds.） *Love and attraction.* Pergamon.

19）斉藤　勇　1985　好きと嫌いの人間関係――対人感情の心理学入門　エイデル研究所.

20）Schachter, S. 1964 The interaction of cognitive and physiological determinants of emotional state. In L. Berkowitz (Ed.) *AESP,* 1, Academic Press.

21）Sigall, H. & Aronson, E. 1969 Liking for an evaluator as a function of her physical attractiveness and nature of the evaluations. *JESP,* 5, 93-100.

22）Raven, B. H. & Rubin, J. Z. 1983 *Social Psychology* (2 edition). Wiley.

23）Rubin, Z. 1970 Measurement of romantic love. *JPSP,* 16, 265-273.

24）Rubin, Z. 1976 Naturalistic studies of self-disclosure. *Personality and Social Psychology Bulletin,* 2, 260-263.

esteem. *JESP,* 9, 202-219.

4）井上祥治　1981 a　自尊感情の測定．遠藤辰雄（編）　アイデンティティの心理学　ナカニシヤ出版　64-84.

5）井上祥治　1981 b　自尊感情と職業選択　遠藤辰雄（編）　アイデンティティの心理学　ナカニシヤ出版　110-117.

6）Janis, I. L. & Field, P. B. 1959 Sex differences and personality factors related to persuasibility. In C. I. Hovland & I. L. Janis (Eds.) *Personality and Persuasibility.* Yale University Press. 55-68.

7）加藤厚　1983　大学生における同一性の諸相とその構造，教育心理学研究，31，292-302.

8）Lewis, M. & Brooks-Gunn, J. 1979 *Social Cognition and the Acquisition of Self.* Plenum Press.

9）Marcia, J. E. 1966 Development and validation of Ego-identity status. *JPSP,* 3, 551-558.

10）Montemayor, R. & Eisen, M. 1977 The development of self-concept from childhood to adolescence. *Developmental Psychology,* 13, 314-319.

11）Morse, S. & Gergen, K. J. 1970 Social comparison, self-consistency and the concept of self. *JPSP,* 16. 148-156.

12）Musa, K. E. & Roach, M. E. 1973 Adolescent appearance and self concept. *Adolescence,* 8, 385-394.

13）無藤清子　1979　「自我同一性地位面接」の検討と大学生の自我同一性．教育心理学研究，27，178-187.

14）小川捷之・永井撤・白石秀人・林洋一　1979　対人恐怖症者に認められる対人不安意識に関する研究（2）．横浜国立大学教育紀要，19，221-239.

15）Suls, J. & Mullen, B. 1982 From the cradle to the grave : Comaprison and self-evaluation across the life-span. In J. Suls (Ed.) *Psychological Perspectives on the Self.* Lawrence Erlbaum Associates, 97-125.

16）高田利武　1985　自己概念に対する社会的比較と継時的比較の影響：青年期と成人期の比較．日本心理学会第49回大会発表論文集.

17）山本真理子・松井豊・山成由紀子　1982　認知された自己の諸側面の構造．教育心理学研究，30，64-68.

18）吉田寿夫・古城和敬・加来秀俊　1982　児童の自己呈示の発達に関する研究．教育心理学研究，30，120-127.

第4章

1）Anderson, N. H. 1968 Likableness ratings of 555 personality-trait words. *JPSP,* 9. 272-279.

2）Aronson, E. & Linder, D. 1951 Gain and loss of esteem as determinants of interpersonal attractiveness. *JESP,* 1, 156-171.

19) Winnicott, D. W. 1971 *Playing and Reality*. Tavistock Publications.（橋本訳　遊ぶことと現実　岩崎学術出版）.

第2章

1) Berglas, S. & Jones, E. E. 1978 Drug choice as a self-handicapping strategy in response to noncontingent success. *JPSP*, 36, 405-417.

2) 古川久敬　1980　管理者の給与に対する不公正感に関する心理学的研究．応用心理学研究，3，1-8.

3) 古川久敬　1983　管理行動としての報酬分配．心理学研究，54，43-49.

4) Kahn, R. L., Wolf, D. M., Quinn, R. P., Snoeck, J. D., & Rosenthal, R. A. 1964 *Organizational Stress: Studies in role conflict and ambiguity*.Wiley（奥田俊介他訳　組織のストレス　産能短大出版）.

5) Katz, R. 1982 The effects of group longevity on project communication and performance. *Administrative Science Quarterly*, 27, 81-104.

6) Kipnis, D., Schmidt, S., Price, K. & Stitt, C. 1981 Why do I like thee : is it your performance or my order? *Journal of Applied Psychology*, 66, 324-328.

7) Latané, B, Williams, K. & Harkins, S. 1979 Many hands make light the work : The causes and consequences of social loafing. *JPSP*, 37, 822-832.

8) McClelland, D. C. & Burnham, D. H. 1976 Power is the great motivator. *Harvard Business Review*, March-April.

9) Ouchi, W. G. 1981 *Theory Z: How American business can meet the Japanese challenge*. Addison-Wesley.（徳山二郎監訳　セオリーZ　CBSソニー）.

10) Rosen, S., Grandison, R. J. & Stewart, II J.E. 1974 Discriminatory backpassing : Delegating transmission of bad news. *Organizational Behavior and Human Performance*, 12, 249-263.

11) Schachter, S. 1951 Deviation, rejection, and communication. *JASP*, 46, 190-207.

12) Sommer, R. 1969 *Personal space : The behavioral basis of design*. chapter 5, Prentice-Hall.

13) Wickesberg, A. K. 1968 Communication networks in the business organizations structure. *Academy of Management Journal*, 11, 253-262.

第3章

1) Duval, S. & Wicklund, R. A. 1972 *A Theory of Objective Self Awareness*. Academic Press.

2) Festinger, L. 1954 A theory of social comparison processes. *Human Relations*, 7; 117-140.

3) Ickes, W. J., Wicklund, R. A. & Ferris, C. B. 1973 Objective self awareness and self

引用・参考文献

（文中，Journal of Abnormal and Social Psychology は *JASP,* Journal of Personality and Social Psychology は *JPSP,* Journal of Experimental Social Psychology は *JESP,* Advances in Experimental Social Psychology は *AESP* とした）

第1章

1）Dowling, C. 1981 *The Cinderella Complex.* Pocket Books.（木村治美訳　シンデレラ・コンプレックス　三笠書房）.

2）Frankl, V. E. 1947 *Ein Psychologie erlebt das Konzentrationslager.* Verlag fur Jugent und Volk.（霜山徳爾訳　夜と霧　みすず書房）.

3）Freudenberger, H. J. 1982 *The Bournout Syndrome.*（川勝久訳　燃えつき症候群　三笠書房）.

4）福島章 1979 対抗同一性　金剛出版.

5）Holmes, T. H. & Rabe, R. H. 1967 The social readjustment rating scale. *Journal of Psychosomatic Research,* 11, 213-218.

6）Horton, P. C. 1981 *Solace : The Missing Dimension in Psychiatry.*（児玉憲典訳　移行対象の理論と臨床　金剛出版）.

7）Kiley, D. 1983 *The Peter Pan Syndrome.* Howard Morhaim Literary Agency.（小此木啓吾訳　ピーター・パン・シンドローム　祥伝社）.

8）Lifton, R. J. 1969 *Boundaries Psychological Man in Revolution.*（外林大作訳　誰が生き残るか　誠信書房）.

9）森田正馬　1953　神経衰弱と強迫観念の根治法　白揚社.

10）小此木啓吾　1978　モラトリアム人間の時代　中央公論社.

11）小此木啓吾　1979　対象喪失――悲しむということ　中央公論社.

12）小此木啓吾　1980　シゾイド人間　朝日出版社.

13）小此木啓吾　1981　自己愛人間　朝日出版社.

14）小此木啓吾　1982　日本人の阿じゃ世コンプレックス　中央公論社.

15）下坂幸三　1963　神経性無食欲症（青春期やせ症）の精神医学的諸問題，精神医学，5, 259-274.

16）Sifneos, P. E. 1973 The prevalence of 'alexithymic' characteristics in psychosomatic patients. *Psychother. Psychosom.,* 22, 225-262.

17）遠山尚孝　1977　心身症者の性格　適応様式および情緒の特質について，精神医学. 19, 1139-1150.

18）内沼幸雄　1977　対人恐怖の人間学　弘文堂.

執筆者紹介

【第 1 章】
児玉　憲典（こだま　けんすけ）
1974年　早稲田大学院博士課程修了
現　在　杏林大学医学部教授　医学博士

【第 2 章】
古川　久敬（ふるかわ　ひさたか）
1972年　九州大学大学院教育学研究科修士課程修了
現　在　九州大学大学院人間環境学研究院教授

【第 3 章】
高田　利武（たかた　としたけ）
1973年　早稲田大学大学院文学研究科博士課程中退
現　在　宮城学院女子大学人間文化学科教授

【第 4 章】
齊藤　勇（さいとう　いさむ）

【第 5 章】
今川　民雄（いまがわ　たみお）
1975年　北海道大学大学院文学研究科修士課程修了
現　在　北星学園大学社会福祉学部福祉心理学科教授

【第 6 章】
大坊　郁夫（だいぼう　いくお）
1973年　北海道大学大学院文学研究科博士課程中退
現　在　大阪大学大学院人間科学研究科教授

【第 7 章】
三田　洋子（みた　ようこ）
1973年　都立大学大学院博士課程修了
　　元　江南女子短期大学助教授

【イラスト】
渡部　健（わたなべ　たけし）

編者紹介

齊藤　勇（さいとう　いさむ）

1943年，山梨県生まれ。早稲田大学大学院文学研究科博士課程を経て，
現在，立正大学心理学部教授，博士（文学）

主著　『対人心理の分解図』誠信書房
　　　『人間関係の分解図』誠信書房
　　　『人間関係の心理学』（編）誠信書房
　　　『感情と人間関係の心理』（編）川島書店
　　　『欲求心理学トピックス100』（編）誠信書房
　　　『対人社会心理学重要研究集　全7巻』（編）誠信書房
　　　『経営産業心理学パースペクティブ』（共編）誠信書房
　　　『イラストレート心理学入門』誠信書房
　　　『イラストレート人間関係の心理学』誠信書房
　　　『図説心理学入門［第2版］』（編）誠信書房

対人心理学トピックス100［新装版］

1985年9月25日　初　版第1刷発行
2002年2月5日　初　版第19刷発行
2005年4月25日　新装版第1刷発行
2005年6月30日　新装版第2刷発行

編　者　齊藤　勇
発行者　柴田淑子
印刷者　井川高博

発行所　株式会社　誠信書房
〒112-0012　東京都文京区大塚3-20-6
電話　03（3946）5666
http://www.seishinshobo.co.jp/

末広印刷　イマキ製本所　落丁・乱丁本はお取り替えいたします

ISBN4-414-30329-X C0011